篆刻：张国维

郭京宁 著

穿越皇城

上海古籍出版社

图书在版编目(CIP)数据

穿越皇城／郭京宁著.—上海：上海古籍出版社，
2014.9
  ISBN 978-7-5325-7293-9

  Ⅰ.①穿… Ⅱ.①郭… Ⅲ.①旅游指南—北京市
Ⅳ.①K928.91

  中国版本图书馆 CIP 数据核字(2014)第 120631 号

穿 越 皇 城

郭京宁 著
上海世纪出版股份有限公司
上 海 古 籍 出 版 社 出版
(上海瑞金二路 272 号   邮政编码 200020)
  (1)网址：www. guji. com. cn
  (2)E-mail：guji1@guji. com. cn
  (3)易文网网址：www. ewen. co
上海世纪出版股份有限公司发行中心发行经销
上海展强印刷有限公司印刷

开本 890×1240   1/32   印张 11.125   插页 14   字数 200,000
2014 年 9 月第 1 版   2014 年 9 月第 1 次印刷
印数：1—2,100
ISBN 978-7-5325-7293-9
K·1874   定价：38.00 元
如有质量问题,请与承印公司联系

一　　复原的东皇城墙，黄瓦朱身昭显着皇家气派。（P32）

二　　雪浴紫禁城，银装素裹。（P65）

三　　见证中华民族百年屈辱、复兴与胜利的"保卫和平"坊。透过明
　　　间，可见到孙中山先生铜像。（P85）

四　左是景山万春亭，右为北海白塔，中有碧水，几代人童年的美好回忆。（P106）

五 明代的玉河堤岸,在今天考古工作者的手铲之下重见天日。(P139)

六　　门簪上写着"惠我迪吉","迪吉"的意思是来到了吉祥的地方。(P₁₄₆)

七　　宣仁庙的春天。它供奉的是何方神圣?（P162）

八　　北长街20号是康熙幼年避痘之处福佑寺。透过门逢，可以看到
　　"圣德永垂"和"慈育群生"牌坊。（P179）

九　　曾经辉煌，也遭抛弃，最终复建。牌楼如人生。历史不应忘却。（P186）

十　　当年收获秀女的地方，如今的收获是南瓜、丝瓜和葫芦。（P254）

十一　　雪池冰窖是京城内最著名的冰窖之一。（P288）

十二　　京师大学堂的大讲堂, 还保留着几分"民国范儿"。(P299)

十三　　绿荫掩映之下的原北京大学图书馆,一派幽静。(P₃₀₄)

十四　　状如古希腊神庙的小屋，与周围建筑格格不入，但就从这里引
　　　　出了辐射北京的海拔导线点。（P318）

十五　　庭院深深，平静的日子仿佛从不曾被打扰。（P326）

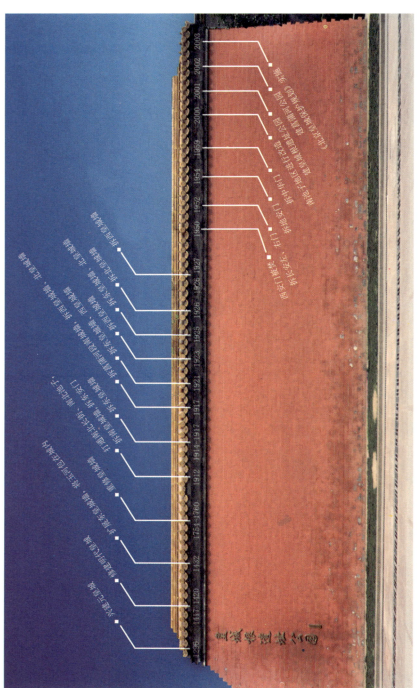

皇城变千千重门

一部书

一座城

一段行

……

内容简介

　　朋友，你可曾听说过皇城？本书力图以通俗的语言、简明的结构，介绍北京皇城的历史变迁、结构布局、功能作用、人文掌故、风物传说。从十个不同的方面，勾勒出皇城的前世今生。字里行间流露出对古老建筑、往昔生活、传统文化的眷念、情思与热爱，也不乏对文化遗产受到各类冲击的担忧。因此，本书既是游览皇城的导游手册，也是弘扬北京历史文化知识的科普读物。

目　录

序

这本书，

我时常问自己：

为什么要写？

写了什么？

写给谁？

意义？

这座城，年代久远，四季分明，南北明晰。生活在这里，安详且自豪。城内那些屹立百年不倒的建筑，历尽沧桑，无声地见证并讲述着北京城深厚的往事。

然而，发展总难以尽如人意。很美的状态也常常会改变。即便是规划设计中的不朽，也曾贵为天子所居的北京皇城，也难逃变革的命运。

风云之中，兴废之际，它以旧迹消失和改头换面诉说着身不由己的无奈。水泥森林的掩映下，它身影孤单、渺小而卑微。

在历史的沧桑巨变之中，我时常感叹的不是"物是人非"，也不是"树犹如此"，而是童年记忆中的场景今已荡然无存。这巨变，是历史的沧桑，是人情的感喟，也是我们正置身其中的历史过程。

德国哲学家斯宾格勒说："人类所有的伟大文化都是由城市产生的。"此说未免有些夸大，但老北京的文化色彩绝离不开皇城创造、参与和影响的元素。

它汇聚了如此珍贵的传统的物质和精神文化财富，让人在流连忘返的同时，不禁深深地遗憾和感伤：现代化的进程中，必须以牺牲这样的风景为代价吗？

现代城市的钢筋水泥看似雄伟，却令人麻木，胡同老街虽老旧残败，但有着浓浓的生活气息，给人以温馨，更让我迷恋。它源于儿时的回忆，铭心镂骨，念念不忘，让我有灵魂上的亲切感。

欣慰的是，在这个浮躁的时代，还能有机会捕捉到些许雪泥鸿爪。

某夏日，我行至雪池胡同深处。酷暑当头，一口气干掉三瓶汽水、两瓶啤酒，好不痛快！当真体会到了雪池的冰爽。远空，几只灰鸽在蓝天上盘旋；近墙，角落里冒头的青青小草下的蛐蛐正在歌唱。时空仿佛就此凝固，让人忘却几步之外的车马喧嚣，尽情享受这片刻的安宁。思绪纷飞中，胡同、老宅、古槐、月季、"北冰洋"、肥猫、鱼缸、蛐蛐……儿时的元素在眼前逐一播放。

这场景，曾几番在我的梦中出现。这场景，又不仅属于北京城。它是童年的美好回忆，它是一缕淡淡的乡愁。

于是，源于人性自身的怀旧情结和对皇城旧事的好奇心构成了我的写作冲动。

用文字召回北京城消失的气味儿、声音和光影；恢复被拆除的四合院、胡同和庙宇；让瓦顶排浪般涌向天际线的景象重现；让鸽哨响彻蓝天的清脆声回到人们的耳边……成了我的目的。

书中的故事源自皇城，作者是它自己——我不过是个记录者。当然，三生有幸，让我还能遇见它。皇城里面的文物古迹密度之高，世所罕见，它们背后都有着一段浓郁有趣、意义不凡的鲜活史实。在我每日为生计奔波的路上，经常看到大队拿着地图、相机慕名而来的男男女女。我知道，他们追寻的是过去，是关于前人祖先的回忆。如若他们能从本书中感受到一丝北京城古老的历史与文化，就实现了我写作的意义。

国人没有题献的习惯，但我还是想把这本小书献给所有人无法复制的童年。

郭京宁

2014.4

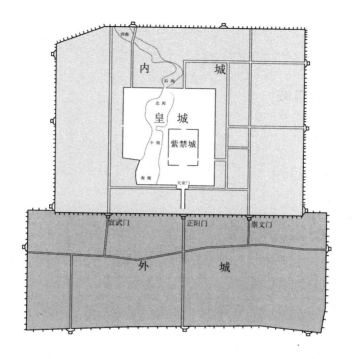

引 子

什么是皇城?

何为皇城?

有一座城,没有热闹的集市,谈不上是真正的"城市";没有环绕的护城河,构不成绝对的"城池"。但它确实又是城,一座特殊而重要的城。它就是皇城。

皇城,是以皇宫为核心,由皇城墙围合而成,功能在于护卫皇宫并为之提供各种服务和生活保障。

历史上,大到西安、南京、杭州、洛阳,小到赤峰巴林左旗、哈尔滨市阿城区,都曾建有皇城,但只有北京的皇城是现存较好的。

北京自辽代建南京城时,就形成了三重城垣的基本城市格局:宫城、"皇城"、大城。此后又经历了金代中都的营建,元代大都的重新规划,明代永乐年间紫禁城的修建和嘉靖年间外城的加筑。历朝历代的踵事增华,使北京城形成了明确而完整的凸字形、四重城垣的结构。辽南京的"皇城"之所以打引号,是因为南京说不上是辽国真正的首都,这个"皇"字,有名无实。真正的皇城应该从金中都时算起。

四重城垣中,中心为紫禁城,即至今仍保存完好的故宫。外侧是共同构成北京城凸字形结构的内城和外城,内城墙的

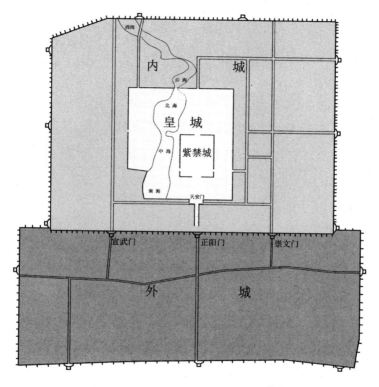

内 城

皇 城

紫禁城

西海

后海

北海

中海

南海

天安门

宣武门　正阳门　崇文门

外 城

北京旧城的四重城垣。

北、东、西界及外城墙的南界与今天北京的二环路相当,内城墙的边界则与今天的地铁2号线吻合。虽然古城大部分已被拆除,但人们还能找到它们当年的位置。内城之中,将紫禁城包含其中的那座红墙黄瓦围就的城,就是皇城。

它不像紫禁城那般神秘莫测、至高无上,也不似内、外城间那些寻常阡陌、市井街巷。它融汇了以紫禁城为代表的皇家文化和以北京胡同、四合院为代表的市井文化，阳春白雪与下里巴人得兼，让人感到既威严又亲切。

这片区域面积为6.8平方公里，仅占今北京市行政面积的0.04%，却曾经控制着中国上千万平方公里的政治疆域。如果将北京自周口店旧石器时代早期以来，有人类历史的50万年视为1天，这片区域存在的600年不过仅是1.7分钟，却汇集着中国千年历史的文化精髓。

现存的皇城主要是明清以来的皇城，东西长约2 500米，南北宽约2 790米，分属于北京市的东城、西城区。北城墙相当于现在的平安大街一线，东城墙基本是从皇城根遗址公园（宽街西口）至贵宾楼饭店对面（原御河北桥北口），南城墙为长安街一线，西城墙沿西黄城根北街和南街，到灵境胡同，后折向东至府右街。

北京的房价有多贵，地球人都知道。从"二环"到"六环"，每个"环"的内外之间，房价都有高低之别，这些"环"，简直就是房价的分水岭。而且环内堵车严重，所以连"春晚"上的相声都说："世界上最远的距离不是生与死，而是我在五环，你也在五环。"奇怪的是，"一环"在哪里？

如果说上世纪90年代初，《北京城市总体规划》中的由平安大街，东四北南大街，东单北大街，崇内、外大街，珠市口东西大街，骡马市大街，宣外、内大街，西单北大街，西四南北大街形成的环状路是北京"一环"的话，那么沿皇城四条城墙串在一起的四条道路所形成的"环"，可以视为北京的"0.5环"。

皇城本应是方方正正，整整齐齐的，但实际上却是一个不规则的长方形——西南缺了一角，有点像现在著名的"苹果"商标。其中原因，版本有二。

一说皇城西南角有座建于金代大定二十六年（1186年）的庆寿寺。此寺比著名的金代建筑卢沟桥还要年长六岁。诸教并举的元世祖忽必烈建大都、修皇城时，不敢把位于皇城线上的庆寿寺拆掉，又在寺的西部增建了两座佛塔，所以城墙只好自灵境胡同向东拐。明代皇城扩建时，也把这座寺庙完整地保留了下来，以求佛祖的庇佑。这样明、清皇城也就缺了一角。

二说由于元代供皇宫用水的金水河流经此处，所以在皇城西南角无法建直角城墙。

庆寿寺和金水河确实都处在皇城西南角，所以很有可能是两者共同作用的结果。

位于菖蒲河公园的皇城艺术馆，有座北京皇城沙盘模型。著名古建筑学家王世仁于2002年9月写有"北京皇城全景模型

记略":

北京皇城始建于明永乐十四年至十八年（1416年~1420年），至清乾隆中期（18世纪后期）形成后代之格局。皇城东西约2 500米，南北约2 790米，西南缺，正南凸出，面积约6.9平方公里。自上世纪20年代以后，皇城历史面貌已漫漶不清。为使公众了解其历史原貌，东城区政府乃制作此示意性模型公开展示。其中已毁之建筑乃依乾隆十五年（1750年）《京城全图》推测，宅院商铺只在街巷中示意布置。综计沙盘中除故宫、景山、西苑三海外，只收入可识别之建筑为：皇城墙一周、皇瓦墙一道、皇城门十座、雁翅楼四座，大型寺、观、坛、庙二十八所。中小型寺庙五十所，天主教堂一所，署、库、作、圈、园等五十所，俱依比例，考究其实，是以钩沉文献，考寻故迹，虽云示意，亦有其实，可称迄今为止最完美真实之皇城形象。

可见，丰富的历史文化底蕴形成了皇城内文化遗产的特色：

第一，文物品级高。有列入世界文化遗产名录的故宫，新中国象征的天安门，现存世界上建园最早、保存最完整的皇城御苑三海（北、中、南）。

第二，文物类型丰富。有革命遗址、皇宫、衙署、坛庙、教堂、名人故居、私家花园、宅第、四合院、城防设施、街巷、近代建筑、墓葬等，几乎囊括了所有遗址类型。

第三，文物密度大。皇城是北京文物分布最为密集的地方，在全国恐怕也是绝无仅有的。6.8平方公里的范围内，有世界文化遗产故宫（紫禁城），有全国重点文物保护单位14处：天安门、太庙、社稷坛、景山、北海及团城、中南海、大高玄殿、皇史宬、西什库教堂、北平图书馆旧址、北京大学红楼、普度寺、北京大学地质馆旧址、盛新中学和佑贞女中。有京师大学堂、皇城墙等市级，普胜寺等区级的大量文物保护单位，还有市政府公布的南、北池子，景山东、西街等15片历史文化保护区（包括皇城整体）以及大量具有保护价值的胡同、四合院等。各级文物保护单位的面积总和占皇城面积的一半以上。说皇城是北京旧城中最精华的区域，是皇家文化最集中的体现，一点也不过分。

第四，文物时代跨度长。除有大量的明、清、近、现代文物外，还有汉、唐、辽、元等时期的地下文物。例如考古工作者在1951年东长安街御河北桥工地发现的"唐代任紫宸墓志"记载："以元和三年（808年）……十月十九日宅兆于幽州城东北原七里余。"在厂桥发现了东汉时期的砖室墓。在东城区北池子大街草垛胡同，西城区的故宫西华门、教场胡同、西什库教堂出土过唐代的砖室墓葬；西城区的光明胡同、西椅子胡同，东城区的黄化门街发现有辽代墓葬等。

第五，物质文化遗产与非物质文化遗产相得益彰。故宫研究涉及皇家礼仪、典章制度、生活起居。皇城中的太庙、社稷坛，是中国古代举办宗法、国祭仪式的最高场所。大量的寺庙坛观，容纳了道、释、天主教，体现了皇家的宗教政策与仪式。大小胡同街巷中，则流淌着京味儿的民风民俗。

第六，文化遗产附加功能值高。皇城是中外游人趋集的区域，是旅游产业最为活跃的地区之一。同时代表着北京的城市形象，是北京政治中心和历史文化名城的双重体现。

第七，文化遗产涵盖面全。既有高高在上的"皇"，也有底层百姓的"民"；既有文化精华的"雅"，也有平民大众的"俗"。

前国际古迹遗址理事会主席席尔瓦先生曾赞叹道，北京的皇城是北京古都的核心部位，拥有申报世界文化遗产的条件。

皇城的功能

既为"皇"城，功能自然是对皇帝、皇族、皇权而言的。

首先是护卫功能。皇城墙形成了保卫宫城的屏障，以内是紫禁城的缓冲区和外层防线。据陈宗藩《燕都丛考》记载："皇城以内，外人不得入，紫禁城以内，朝官不得入，奉事者至午门而止。"不管时空怎么转变，皇城总是守卫着宫城。

其次是起居功能。这个就不必多说了吧。皇城就像北京城内最大的一座四合院，供皇族和皇亲国戚居住。

再次是服务功能。维持包括皇帝、后妃、公主、太监、宫女等各色人等的这个庞大机构的日常生活，可不是小事。宫内的衣食住行、五金水暖，大多在皇城内制造并储存。除了生活上的服务外，还有办公上和娱乐上的服务，如皇史宬，即皇家档案馆，升平署，乃皇家戏楼。

第四是游乐功能。说完了"吃"、"喝"、"乐"，该轮到"玩"了。御苑山海都是皇帝的私家游乐场和花园。

第五是祭祀功能。"左祖右社"的太庙和社稷坛，各类坛庙等，祭社祭稷祭祖先，敬释敬道敬天主。

第六是团结功能。各类庙堂让皇帝足不出城就可以在烧香祈福的同时达到团结各派宗教的目的。例如大高玄殿是皇家的道观，嵩祝寺是皇家喇嘛庙等。

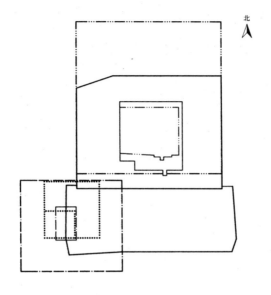

北

一

沧桑风云600年

辽人在北京设立的南京府，实质是陪都；金朝于贞元元年（1153年）迁都燕京，改名中都，此乃北京正式建都之始；此外，唐代"安史之乱"八年，在此建立所谓"大燕国"，三次建都都建有皇城，只是这些皇城都在强虏的战火中化为灰烬。如今，人们仅能凭借文献资料和考古发现找到它们的大体所在。

此后，元、明、清三代均定都北京，皇城的位置和规模各有所不同。

北京皇城的演变过程，可分为七个发展时期。漫长的文化冲突和社会转型中，各种思潮文化和政治制度得以在皇城这个舞台上竞相亮相。

沧海笑，浮沉随浪记今朝。现存北京皇城历经600余年的风风雨雨，近40位帝王建设经营才形成了今天的面貌。因其

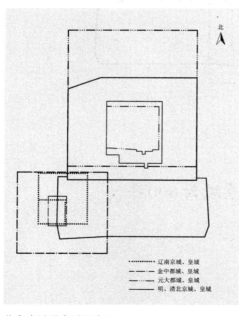

北京古城及皇城的变迁。

庞大的规模和高超的建筑技艺，成为世界上面积最大、保存最完好的皇家建筑群之一。

辽代及之前——孕育期

唐代的北京名为"幽州"，是北方的军事重镇。祖咏的《望蓟门》描绘了作为边关的幽州景象："燕台一去客心惊，笳鼓喧喧汉将营。万里寒光生积雪，三边曙色动危旌。沙场烽火连胡月，海畔云山拥蓟城。少小虽非投笔吏，论功还欲请长缨。"

"渔阳鼙鼓动地来，惊破霓裳羽衣曲"。"安史之乱"时，叛将史思明在幽州（范阳郡）称帝，建大燕国，将幽州的子城（内城），改为"皇城"，城内建有紫微殿、听政楼等。

938年，辽太宗在幽州城的基础上兴建土木，定为"南京幽都府"。

1012年，辽圣宗改之为"析津府"，设为辽南京，名称来自"以燕分野旅寅为析木之津"（《辽史·地理志》）。南京是辽五京中最大的城，其余四京分别为上京（内蒙古巴林左旗）、中京（内蒙古宁城）、东京（辽阳）和西京（大同）。

南京（燕京）虽称为"京"，但在它属辽的187年中，只有保大二年（1122年），燕王耶律淳、秦王耶律定在这里当了10个月的皇帝。所以说不上是辽国真正的国都，至多也只能算政治军事重镇。

辽南京的"皇城"又称子城、内城，位置偏于大城的西南隅，有点像游戏《坦克大战》中我方军旗龟缩的那个小方框，约占大城的四分之一，与大城共用西门。

"皇城"之中主要是宫城和园林区。宫城位于"皇城"中部偏东，并向南突出到"皇城"的城墙以外。宫城东面有"内果园"（东苑），西侧为瑶池（西苑）。瑶池中有小岛瑶屿，上有瑶池殿，池旁建有皇亲宅邸。

"皇城"的西南角与东北角均建有高大的楼宇：西南角的"凉殿"可能是依照辽上京的"西楼"之制，反映了契丹人"太阳崇拜"（宗日）的传统；东北隅建有燕角楼——其位置几乎正当辽南京的城市中心，是城中最重要的地标之一。明代其地仍称"燕角"。今天西城区有南线阁、北线阁等地名，有学者认为"线阁"即为"燕角"之讹误。

但由于这个地区后来经历了金、元、明、清、民国乃至新中国成立以来的多次变迁，所能保留至今的辽代遗迹已经非常之少。人们对辽南京"皇城"的了解，更多的来源于文献中的记载。

幽州也好，南京也罢，终究不是真正意义上的首都，没有成为皇帝发号施令的所在，所以这个"皇城"要打些折扣。但它们从某种意义上讲拉开了北京皇城的序幕。

金代——雏形期

天德三年（1151年），完颜亮在谋弑熙宗，登上皇位后，一方面担心金上京的宗室、遗族会威胁他的宝座；另一方面也觉得那里偏北方一隅，不利于对全国的统治，便下诏迁都燕京。

完颜亮，史称海陵王，金代第四位皇帝。史上褒贬不一，褒者赞其雄才大略、文韬武略，很牛很生猛；贬者骂其嗜杀肆虐、荒淫无度，很黄很暴力。他有个尊敬的叔叔可能比他更有名，没错，就是和岳飞打过仗的金兀术，不过人家大名叫完颜宗弼。

金中都是在辽南京城的基础上扩建的，呈大城、皇城、宫城三重城垣相套的格局。辽南京的"皇城"原在大城西南隅，金中都欲仿北宋汴京皇城居中之制，同时也为扩大都城规模，将辽南京旧城向西、南大大展拓。东南也略加外扩，北面未动。经过此番扩建，金中都的皇城便基本居于大城中央略偏西的地方。

金皇城的位置在现在的广安门以南。为长方形小城，周长9里30步，有4门：东为宣华门、南为宣阳门、西为玉华门、北为拱辰门。

皇城的中央为宫城。南部为宫廷前区：宣阳门前有龙津桥（类似于天安门前之金水桥），桥以石栏分作三道，中为"御道"，桥栏"皆以燕石构成，其色正白而镌镂精巧，如图画然"。"御道"修筑得十分宽广，夹道有两条水渠，沿渠两岸植柳树，形成林荫大道，道中设"朱栏杈子"，皆仿汴京之制。"御道"两旁，为东西并列之"千步廊"，各约200余间，屋顶覆以青琉璃瓦。"千步廊"南端止于宣阳门内东西两侧的文楼、武楼；北端在应天门前的"横街"南侧，又分别各有百余间，直到应天门东西的左、右掖门为止——中间围合成一个"T"字形的宫廷广场。

此外，千步廊两侧各有偏门，东通球场、太庙（金称衍庆宫），西连尚书省、六部。这样的布局使得宫城前面的广场法度严谨、气势宏大，纵深感大大加强，烘托出宫城的庄严气氛。这种规划模式也被后世的元大都、明北京城所继承。

皇城中有西、东、南、北四苑。

金朝把原在西郊一条名叫洗马沟的小河，有计划地圈入中都内，流经皇城的西部，在瑶池的基础上造成西苑（又称鱼藻池、同乐园或太液池）。

1992年、2012年，考古人员对鱼藻池及湖心岛遗址进行了发掘，清理出一些金代的河堤岸。800多年过去了，这里已成为原宣武区白纸坊的青年湖。

元代——发展期

元太祖十年（1215年），蒙古兵攻破金中都。宏伟的金皇城宫殿，毁于兵燹。中统二年（1261年），创下不世战功的元世祖忽必烈初到金中都旧城时，由于没有宫殿，只能住在当时的远郊区、现在的市中心太宁（亦称大宁、万宁、孝宁等名）离宫。

至元九年（1272年）二月，忽必烈在金中都东北方营建新都城，并将其命名为"大都"（蒙古语为"汗八里"，即大汗之城）。太宁宫被指定设计为新城的中心。皇城由忽必烈的孙子、元成宗铁穆耳在元贞二年（1296年）建成。

大都采用外城、皇城、宫城三重城垣相套的传统形制。皇城位于大都中心正南偏西。城墙外遍植参天大树，倍增皇城的优美——元代诗人有"栏马墙临海子边，红葵高柳碧参天"、"人间天上无多路，只隔红门别是春"的诗句描绘皇城佳景。

据考证，元皇城东墙位置在今南北河沿西侧；西墙在今西黄城根灵境胡同；北墙在今地安门南侧；南墙在今东、西华门南侧一带。皇城的南墙正中开棂星门，在今故宫午门处，正对外城的丽正门，中间是长达七百步的千步廊，千步廊外侧有大型官署。

元皇城的建设对后世影响深远，之后的明、清皇城都是在此基础上发展的。

元皇城中，宫苑的中心，是全城制高点——万岁山。它也是金代太宁宫的琼华岛，今日北海的白塔山。

万岁山以南，另有一个小岛，曾被命名为瀛洲，以象征神话中东海里的仙岛，又因岛形浑圆得名"圆坻"，是连接东西的中心。岛上有长二百尺的白玉石桥（今永安桥）直通万岁山。岛上建有仪天殿，是现在北海大桥上东端团城的前身。

环绕万岁山的为太液池，岸边大大小小的宫殿以此为中心，组成了三组建筑群。妩媚多姿的太液池与雄伟庄严的宫殿建筑互为衬托，相映生辉。

太液池东岸以南，是属于皇帝的一组宫殿，叫做大内，是现在紫禁城的前身。

太液池东岸以北，保留了一片广袤的绿地，相当于现在的景山公园及附近，当时称"灵圃"，也就是皇家动物园兼游乐场。显然，皇城的大片园林肯定依赖于太液池的活水。

尤其精彩的是，灵圃和万岁山之间的石桥，半为石渠，作为东岸金水河的渡槽，引水至岛上。再由一种称作"转运机"的动力机械（类似于现在的水斗）将水提到万岁山顶，从一个石龙口泻入方池，环绕流行一段路程后，再从昂首的石雕蟠龙口中喷出，东西分流入太液池。真是极尽园林造景之能事。

太液池的西岸，南为太子宫殿隆福宫，北为太后宫殿兴圣宫，和大内隔湖相望。三组宫殿，形成三宫鼎立之势，大小宫殿之间，还建有各种储物的仓库、服务机构、办事的衙署、御苑等。加上太液池和北部的万岁山，构成了各自独立又互为联系的整体，这就是整个城市布局的核心。

环绕着这个核心，加筑的一道城墙，当时叫作萧墙，后来称为皇城墙。皇城墙由大城砖砌筑，墙身涂朱垩（红色），顶砌冰盘檐，上覆黄琉璃瓦，因此也叫红门拦马墙。

明代——成熟期

现今的北京旧城（二环路以内的范围），是在明北京城的基础上不断改扩形成的。

洪武元年（1368年），大将徐达率明军攻占元大都后，将它改名为"北平"，并进行了大规模的改建。此时的元"大内"已沦为废墟。宋讷于洪武五年（1372年），有《壬子秋过故宫》诗云："虎卫龙墀人不见，戍兵骑马出萧墙。"

明永乐四年（1406年），成祖朱棣迁都北平，并改名为北京，将大内扩建为举世闻名的紫禁城，开始大规模营建宫城和皇城。

明皇城、宫城比元大都更接近于现在北京的城市中央，而全城的几何中心则位于万岁山主峰（今景山），这是城市的新制高点。

明皇城面积约占明北京城的1/10。目的是为皇上"寝居安全，皇城之内为禁地，民间不得出入"。

营建时，在太液池南面新开凿了一个湖，称之为南海，太液池从此又称"三海"。中间为中海，过金鳌玉蝀桥（今北海大石桥）为北海。绕紫禁城又新凿护城河，掘起的泥土与挖掘南海的泥土一并在紫禁城北堆筑成景山，其中峰所在，恰在城市中轴线上。

从规制布局看，明皇城多沿袭元皇城，但又有新的变化和发展。例如沿用了元皇城的西墙；南墙向南拓展一里，达今天安门一线；因为"东华门外逼近民居，喧嚣之声至彻禁御"（《日下旧闻考》），于宣德七年（1432年）始扩展东墙，将御（玉）河包在其内；北面也向外有所拓展，达今地安门一线。

皇城上开有六座城门：大明门（后被承天门取代），长安左、右门，东安门，西安门，北安门。

变化的结果有四：

第一，将元代建于东、西城的太庙、社稷坛这两座重要建筑，规划在皇城之内，位于皇宫南部中轴线的左右两侧，体现出封建帝王对国家礼制的高度重视。

第二，改元皇城以太液池为核心为明皇城以紫禁城为核心，使得以明晰的中轴线为纽带的格局更加突出。

第三，把承天门外的千步廊纳入皇城之内，使之成为举办一些政治活动的场所。明清朝在千步廊外集中布置了为王朝行使权力而设置的衙署，如宗人府、兵部、吏部、户部等"五府""六部"。这些中央行政机构通过千步廊与宫城连为一体，显示皇帝主宰一切的权威。

第四，原先绕经元皇城东北及正东的运河（通惠河），被圈入了城中，河水上游完全被截断，积水潭和日中坊在元朝的盛况不复存在。

据明景泰年间的《寰宇通志》卷一载："城之中为皇城，宫阙壮九重之固，市朝从万国之瞻，庙社尊严，池苑盛丽，诚万万年太平之基。"

清代——转折期

清初定都北京后，几乎完全沿袭明皇城的旧制。只是把原承天门改为天安门，把北安门改为地安门，东安门、西安门不变。

乾隆年间，曾对城墙进行过一次较大规模的修缮。据《国朝宫史》记载："（皇城）重建于乾隆十九年，至二十五年工竣。又增筑长安左门外围墙一百五十五丈，长安右门外围墙一百六十七丈五尺一寸，各设三座门。"使皇城的范围又有新的扩展。

同时，皇城的门禁没那么严了，先是允许内务府上三旗的包衣（家奴）携家眷居住，后来一些满族的勋戚功臣也入住了。至清末，皇城的北安、东安、西安三门闭而不锁，百姓可以随意出入，并且被允许居住。他们成为继皇帝、宠臣、太监、宫女之后，皇城新的业主。他们的加入，为皇城带来了胡同街巷之人间烟火和市井喧嚣的新鲜气象。

民国时期——衰败期

1911年，辛亥革命一声枪响，推翻了中国几千年的君主专制，皇宫禁地被打破。皇城本身的规模布局并没有大的变化，但随着封建礼制倒下的，是皇城数百年间高高在上的标志——城墙；同时，军队占据着多数宫殿，大量涌入的居民在皇城内搭起了杂院。

由于皇城位于北京城的中心，东西往来必须要绕道而行。1912年，为了改善交通，对原先封闭的皇城墙进行了拆除和改造。首先是打通了南北长街和南北池子的南端，把南墙凿通了两个墙洞。此前由于皇城的隔绝，甚至造成东、西城人在说话上都存在着差异，如此交通的改变，对北京影响甚大。

同年，在袁世凯的导演下，曹锟率领北洋军上演了一出保袁的闹剧。他们在朝阳门外东岳庙哗变，并冲入城内放火抢劫，将东安门付之一炬，以恐吓南方革命党。这是皇城失去的第一座城门。

1917年，张勋复辟，遭到全国人民的反对。他当时住在皇城内缎匹库，段祺瑞在天津马厂举兵讨伐，对北京发动了中国军事史上的首次空袭。飞机向紫禁城的乾清宫、中正殿投弹，所幸建筑未遭大的破坏。同时，"讨逆军"以不破坏古城为由，不拟进行攻城战争，而是想通过外交途径解决。不过，最后"讨逆军"还是拆了菖蒲河旁的一段皇城墙，才攻进张宅。张勋逃往荷兰使馆，复辟失败。

同年，灵境胡同以北的西皇城墙也被拆毁。拆墙过程中，

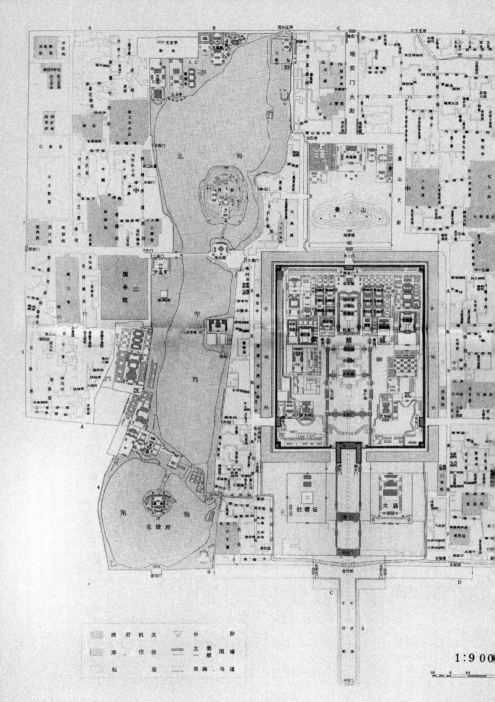

1:9 00

民国二年（1913年）皇城的布局，当时被编为北京城的中一区、中二区。

军阀与奸商倒卖城砖，引起了百姓公愤而被迫中止。但不怕贼偷，就怕贼惦记。政局混乱，为了还清"宫署欠薪"，军阀与官僚还是把目光投向了城墙，他们把火烧残存的东安门以北的城墙、地安门东北部的城墙等渐次拆卖。只有西城灵境胡同迤南的城墙，因是中南海的西墙而得以较为完整地保留。

1921年4月，京都市政公所招商承修白塔寺东边的大明濠南段，拆用了东安门南段和西黄城根灵清宫一带的皇城墙。1923年以后，又陆续拆除了西安门往南等处城墙。最后只剩下从中南海南岸经天安门到南河沿口的这一段城墙了，也就是现在长安街上能看到的那段红墙。

1926、1927年再次大量拆用城砖。1927年8、9月间，北京政府国务院成立"查办京师拆卖城垣办事处"，对皇城大面积拆除的城墙和城砖去向进行了调查。9月1日，京都市政公所工程处技术员周大经、科员刘基淼，携带夫役及丈量器具，会同查办京师拆卖城垣办事处调查委员马铸源、刘学谦、孙敬等，由皇城西北角起，向东将未拆、已拆各段墙垣分段丈量。是日，量至东北角宽街止。2日，由东南角堂子向北量起，亦量至东北角宽街止。3日，由灰厂向西至西南角，折而北至西北角止。同时将东西雁翅楼皇墙连带丈量。之后将所有未拆、已拆各段墙垣丈尺开具清单、绘具成图，写成报告。

拆下的城砖，除了被用于建筑施工，就是拨给了单位或被个人收购。

此外，紫禁城神武门外的北上门及东西角门被拆除，北海南门前的东、西三座门也被拆除，从而打通了朝阳门至阜成门之间的东西向道路，即今天的朝阜路。这条路因途经皇城墙遗址、北大红楼、故宫、景山、北海、北平图书馆旧址等处而被称作"最具北京风味的一条街"（鲁迅语）、"北京最美的街道"（老舍语）。

上述的改造固然大大改善了北京内城的交通，然而城墙的拆除、玉河的填平却使得皇城极富代表性的"红墙黄瓦玉河柳"的优美景象消失殆尽——这是民国时期北京"近代化"的一大代价。连当时国民政府的文件上都这样记载："近时皇城垣墙拆毁多处，泥灰瓦砾狼藉遍地，见者刺目，行者避途。既非交通必需，何以任意毁坏，毫不顾惜！"

瑞典的奥斯伍尔德·喜仁龙于上世纪20年代访问北京后，在他的《北京的城墙与城门》中感慨道：

"有多少古老的街道被展宽，多少皇城周围华丽的粉红色宫殿为了铺设电车轨道而被拆毁？古老的北京城正被迅速的破坏，它已失去昔日皇城的面目，但却没有一届政府去设法保护它那些最值得骄傲、最珍贵的古迹。既然中国已经成为一个'民国'，人们又有什么必要去关心昔日的美呢？"

这本书的命运和皇城一样曲折多难。原书在国外出版后，湮没无闻。20年后，留英的侯仁之在伦敦的旧书店中无意发现了它，意识到其非比寻常并以重价购入。又过了40年，经侯先生以北京市文物古迹保护委员会主任的身份推荐，此书才得以公诸大众。

新中国成立以来——新发展时期

这时期出于不同原因，皇城先后失去了西安门，长安左、右门，地安门和中华门，仅余天安门。

随着社会各界对文化遗产保护的日益重视，各级政府腾退、拆迁了大量占用皇城内文物地点的民居和单位，使得长期以来一些地区"脏""乱""差"的局面得到改善。

2001年始，皇城根遗址和菖蒲河两大公园的相继建成开放，以及南池子地区的危房改造，让城墙立起来了，河水流起来了，民居靓起来了。皇城正在以崭新的面貌亮相在世人之前。

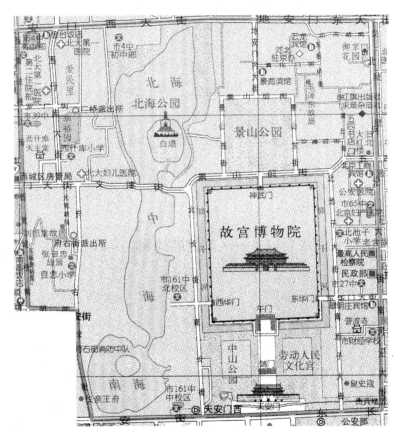

皇城内区域现状。

二

....

红墙黄瓦

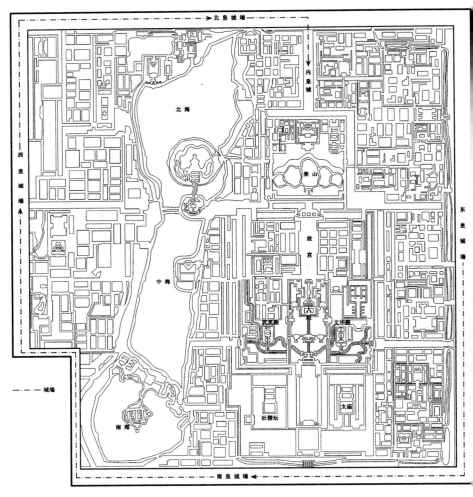

皇城的城墙。

城以墙界定范围。所以，每当人们提及皇城，首先想到的是皇城的墙。尽管由于种种原因，它们大部分已然湮灭不存，但作为一种特殊的记忆符号，它们依然梦漾于人们的脑海中。正如北京皇城墙的四周被称为"皇城根儿"，是北京的代名词一般，它代表了一种历史和文化的积淀。

皇城墙红墙黄瓦，厚实高大，睥睨四邻，荣华端庄，给人以庄重之感。皇城的凝重，首先就体现在城墙之上。

城墙规制四面一致：基宽近2米，高6米，顶宽1.7米，下端略宽于上端。

传说，刘伯温把北京城设计成了三头六臂形，因而北京城又被叫作哪吒城。红色的皇城墙就是三太子的红肚兜。

城墙的周长及形制各朝代均有所不同。元代皇城墙周长约20里，明代则为18里多。明皇城比元皇城的范围有所拓展而城墙周长反而缩小，是因为两朝的测量单位——里的实质长度不同。元代的1里要比明代的1里缩水不少。

清皇城墙与明代相比变化不大。据《大清会典》记载："皇城居都城之中，垣周十八里有奇，共三千六百五十六丈五寸。高一丈八尺，下广六尺五寸，上广五尺三寸……紫禁城居皇城之中，垣周六里。"

1912年皇城墙被拆除后，为表示反对封建皇权，改"皇"为"黄"，所以皇城根大街改叫黄城根大街。2006年，有北京市政协委员建议，将"黄城根"恢复为"皇城根"历史名称。但有关部门研究后认为，从"黄"到"皇"看似一字之改，实质涉及居民日常生活的方方面面，成本太高，这项提议最终没有通过。

东皇城墙

今地安门东大街以南、东黄城根北街北端的皇城根遗址公园内，有一段约25米长南北走向的城墙。墙体以青砖砌筑，两面均涂以红色，顶覆黄色琉璃瓦。这就是2001年复建的明清东皇城墙北端（彩图一）。

根据《燕都丛考》记载，为了政府与民众取砖建房，民国时期东皇城墙被拆除，"东皇城根则向南一段拆于（民国）十三四年，向北一段，拆于（民国）十五六年"。

2001年3至5月，在东黄城根大街整治过程中，考古人员发掘了东皇城墙及东安门、皇恩桥、玉河道等古遗址。这是首次对皇城墙遗址进行的系统发掘。

通过发掘可以看到，城墙的墙基断面上出现连续两次开挖墙基的做法。这种建筑方法虽然费工，看似第一次夯筑并无多大意义，但其实墙基更牢固：第一次夯筑未被挖掉的基槽外部可使墙基两侧不易渗水，可避免因渗水造成的墙体倾斜。

2001年9月11日，东皇城根地区被辟为遗址公园，同日发生的另一件大事就是美国的"9·11"事件。公园宽29米，长2.8千米，无门、无墙、无栏，北起平安大街，南至东长安街，犹如飞落皇城的一条绿色飘带。有道是当年拒百姓之垣，今日乃容大众之地。

公园以国槐、银杏、塔松、竹竿等苍绿植物，复建的城墙和展示的东安门遗址吸引着广大游客，同时成为周边居民健身、休憩、娱乐之所。若您是步行来的，经过五四大街路口的地下通道时，会看到故宫、钟鼓楼、王府井等东城名胜的铜浮雕，上来后会看到下棋、打电脑等铜像。我最喜夏天来公园，那鸟语花香的清幽会让人在炎热之余心清气爽。

南皇城墙

欣赏了皇城根遗址公园的城墙、园林、雕塑后，向南一直来到南皇城墙。

南垣自今贵宾楼饭店西迤至府右街南口一线，长约1 770米，南池子南口、南长街南口及中南海等处还残存数段城墙，坐1、4路等公交车稍加注意就可看到。

南长街南口东侧的南皇城墙,旭日东升,墙上留下斑驳的树影,时光仿佛在此刻凝固。

"嫩绿的柳条把长宽的马路夹成一条绿胡同,东面中央公园的红墙,墙头上露出苍绿的松枝,好像老松们看腻了公园而要看看墙外的景物似的。墙根下散落的开着几朵浅藕荷色的三月蓝,虽然只是那么几朵小花,却把春光的可爱从最小而简单的地方表现出来。路旁卖水萝菠的把鲜红的萝菠插上娇绿的菠菜叶,高高兴兴的在太阳地里吆喝着春声。"

这段老舍先生的小说《赵子曰》中的描述,地点是南长街。

民国元年（1912年）,天安门两边的南城墙被打开了两处缺口。次年袁世凯以中南海为总统府,在南海南墙中段开"新华门",作为总统府大门,并以短墙接南海"宝月楼"两侧,同时在灰厂南墙处开豁口建府右街。新华门前方的街道被称为府前街。

五年之后,在两缺口处修建红墙黄琉璃瓦三孔木梳背式顶券门各一座,并在其上题写了南长街、南池子的街名——至今可见。

西皇城墙

东皇城墙有遗址公园,南皇城墙有残存,西皇城墙恐怕就要令人失望了。

著名的红学家邓云乡先生上世纪30年代家住西黄城根。在他的《燕京乡土记》中写道:

> "当时皇城(墙)拆除后,大大便利了东西城的交通,但在西皇城根一带,拆了墙的西面,还留下墙的东面,因为那面是石板房人家的院墙,而这面拆了一片砖后,又未修整,这样便像狗牙一样,参差不齐,难看极了。当时住在西皇城根,面墙而居,天天一出大门,就对着那一大溜破墙,不愉快的印象直到今天还很深。"

而刘北北先生的《北京皇城城墙与城砖的百年命运》中转引的档案记载与之相反：1921年拆皇城墙修大明濠工程由中标的协成公司包拆包修，于6月2日开工，先拆西面皇墙。嗣因该墙一带住户房屋与墙相连，请求留用。该公司于是年10月请拆东面皇墙。

　　近年，有报道称某单位扩建工程拆除了位于西安门以南的西黄城根南街北段和惜薪司、西岔、双吉寺3条胡同，并把皇城墙东面建筑的房屋拆掉了，露出了城墙平滑整齐的一面。这段出露的残墙有100多米，朝东的墙面上还有红色墙灰的明显痕迹；朝西的墙面早已在民国年间被拆得像"狗牙一样，参差不齐"，与邓云乡的描述相符。在邓氏所见之后，不知何时被人们修整成平面。但墙体厚度仅剩有一块大城砖之厚。墙高也远非皇城墙规制，2米以上的墙体都是小砖头所接砌。

　　据《京都市政公所档案》记载："西安门以北一段皇墙，系民国十五年（1926年）接大明濠中段暗沟及本年（1927年）接修第二段暗沟时所拆卸。"那么，1921年大明濠南段沟动工先拆的西面皇墙，就是西安门以南一段。因"该墙一带住户房屋与墙相连"而留存下来，近年因拆迁露出了残墙墙体。

　　我按图索骥到了这一地点，但被高高的围墙和无情的保安拦住不得入内，因此无缘亲眼看到这段城墙。西皇城墙，你在哪里？！

上世纪50年代，拆西皇城墙时发现了城墙西南的拐角基础，但未作发掘。40年后，考古人员为配合西黄城根道路改造工程，对这处转角遗址与墙基下的一处过水涵洞进行了考古发掘。

城墙转角遗址，自上而下依次为1.3米残高的墙体、两层砖砌的墙基与三合土夯土层。它的发现，准确标定了明清皇城的西南角。

过水涵洞在转角北侧3.75米处，东西两端各置铁栅一道。涵洞两侧连接东西向砖砌沟渠。

上世纪70年代曾在甘石桥下发现一条水道，与接涵洞的沟渠属同一时期，且可以连为一体，确定了这条水道就是金水河分支。过水涵洞的发现确定了元代金水河分支进入皇城的位置。渠壁为明砖证明

西黄城根明代水道及水门。

该涵洞至少在明代早期还在使用。

该遗址地点位于灵境胡同与西黄城根南街交汇处东北，西城区文物保护协会立有标识。

北皇城墙

东墙休闲，南墙熙攘，西墙曲折，北墙繁忙。

今北海公园北门西侧有一段以明清皇城北墙的残迹为基础修复的城墙。它高大厚重，砖墙为青、红色，上覆黄色琉璃瓦。

皇城北垣有两条进出水道，一在西步粮桥，一在东不压桥。北垣在民国二年（1913年）拆通今厂桥处豁口，名"北栅栏"。民国五年（1916年）拆通北箭亭处豁口。民国十一年（1922年）11月将北海辟为公园后，于北垣偏西处辟北海北门。民国十五年（1926年）又陆续拆除北垣东、西两段墙，今仅存西侧被修复者。

1998年4月，考古人员在北海中学前的施工中发现了一段明代皇城墙基础。该基础位于地下90厘米处，残存有两层大青砖。

北海北门西侧修复的北皇城墙。

明皇城北墙基础。

内皇城

沿地安门路口向南行，大街两侧有两道向南延伸折向景山的城墙。在明代，城墙之内是为皇家服务的太监衙署，所以城墙被称为内红墙、内皇城或大内夹道。两道城墙兵分两路。东南沿地安门内大街、景山东街、南北池子大街的东侧形成一道壁垒，设东上门、东上北门、东中门、东上南门。西南沿地安门内大街、景山西街、南北长街大街的西侧形成一道壁垒，设西上门、西上北门、西中门、西上南门。东上门与西上门即是所谓的黄瓦东门与黄瓦西门。现在黄化门街就是得自旧日设于街口的黄瓦东门。

万岁山（景山）四面同时设有四门，与故宫玄武门（神武门）相对者为北上门、左为北上东门、右为北上西门、后为北中门，在景山之后形成了凸字形广场。

2006年7月，西城区政府整治北中轴线沿线建筑，迁走城墙边搭建的商铺与住户，城墙方露出真容。

现在米粮库胡同东口、吉安所右巷胡同和慈慧胡同西口等地，尚能看到两道宫城护墙的残垣断壁。

其中米粮库胡同东口的一段城墙得以保存，缘于陈宗藩先生。

陈宗藩，祖籍金陵，生于光绪五年（1879年），26岁时在

北京考中进士，曾任国务院参事、北平市参议员等，作为邮传部官员参加过末代皇帝溥仪的登基典礼。

　　1923年陈氏在米粮库胡同东口买了十亩地，自行设计建成花园式住宅，取名"淑园"。1927年内务部要拆卖淑园的东墙即内皇城，陈氏个人出资买下，这段红墙才得以免遭拆除。他在淑园居住时期走遍了北京城，写成了《燕都丛考》这部研究老北京地理风貌的必读之书。

　　淑园中还住过两位重要的文化名人。一位是历史学家、辅仁大学校长陈垣，他于1933年至1937年借住淑园南房；

另一位是著名学者傅斯年，他1930年至1933年间住在淑园北房。

如今胡同里的居民大半不知陈宗藩的生前事，淑园也早已改变了模样。这段红墙的保留，恐怕是对陈氏最好的纪念。

三

······················

重扉轻启

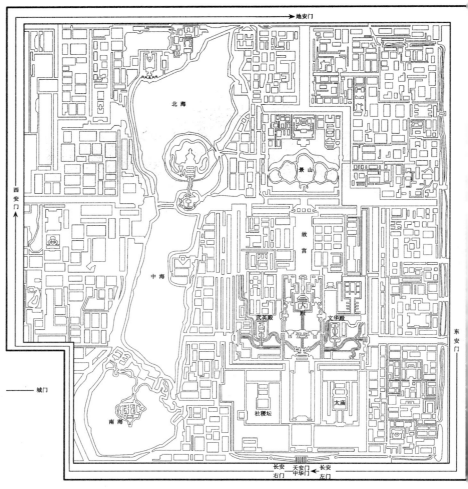

皇城的城门。

崇墉百雉的城墙，把皇家禁苑安全地包围起来；而牢固厚实的大门，则使之与外界联通。城墙与大门，犹如鸟之双翼、车之两轮，承担起皇家安保的重任。

皇城门掌握着皇城的生活脉搏。万物生灵、仪式礼仪、思想欲望，都由此门过。

古老的城门，见证了多少皇朝的恢宏盛典？目睹了多少人世的悲欢离合？亲历了多少文化的涌入与碰撞？打开城门，便为皇家点燃了人间的烟火；关闭城门，又向人们摆出了皇家的威风与肃杀。

与四道城墙清一色的红墙黄瓦不同，城门形制各异，各有各的用途。虽然皇城的几座主要城门名称中都有一个"安"字，寓示着天下一统，四方安宁，海晏河清，永庆升平。但它们自己却不怎么"安"，除了天安门外，其余都只留下了地名。

东安门

七间三门黄琉璃单檐瓦歇山顶的东安门位于皇城东墙中间偏南，西对宫城的东华门，俗称外东华门。

明宣德时东皇城墙东扩后，东安门也随之东移到玉河的东侧。门西原为永乐时期的老东安门，后改为三座门式，称东安里门。

　　1912年袁世凯为抵制南下就任总统，操纵"北京兵变"烧毁了东安门。东安门就这样成为可悲的道具！ 1926—1927年北洋政府内务部拆皇城墙变卖，东安里门同时被拆。

　　东安门内（西）为跨玉河的石拱桥，因太监们被选入后，皆由东安门进宫，他们希望仰沐天恩而腾达，所以俗称此桥为望恩桥或皇恩桥。桥上砌有障墙，将两座东安门连为一体。民国初将桥翅拆除，桥身掩埋，改为道路。

　　据记载，望恩桥上原有一座真武庙，庙名"皇恩桥玄真观"，故有"桥上庙"的说法。民间流传着"桥上有庙，庙里有桥"，说的就是这里。此观建于清初，坐北朝南，主要建筑有山门、正殿及配殿。观内有《光绪重修碑记》和民国十二年（1923年）《改建碑记》碑，郑重声明"望恩桥乃皇恩桥之讹也"。民国初拆东皇城墙后观迁建于桥之西北。之后，玉河故道形成的南、北河沿大街与皇城墙间陆续建满房屋，自发形成一个居民社区。

　　2001年东城区政府对城根地区进行整治。通过考古发掘，门南北两段皇城墙遗迹、门西面的四个柱础磉墩、门内望恩桥的两段障墙、两个雁翅破土而出。这些遗迹均位于现状道路以下约2.3米，后被建成两个下沉式展示区，留给人们想象的空间。

老照片中的东安门。

东安门遗址,既是准确的历史地理标志,也为新建的公共绿地增添了文化品位。

天安门

提到首都北京，人们脑海之中首先想到的就是天安门。它是北京的心脏，是当之无愧的地标。

天安门位于皇城南垣正中。明称"承天门"，是仿照应天（南京）承天门建造的，有皇帝"承天启运，受命于天"的意味。

承天门原本为木制牌楼式，面阔五间，进深三间，三层楼，四面透风。明天顺元年（1457年），也就是英宗复辟皇位的那一年，承天门遭遇火灾被毁。当时人们认为这是上天的警告，没有进行修复。

成化元年（1465年），朱见深登基，委派工部尚书白圭主持重建承天门。为突出皇权的庄严与神圣，承天门改为今天看到的城台楼阁形式。

因新建的承天门是城楼式，与南皇城墙相连接，使皇城又多了一座名副其实的城门。而且它位处中轴线上，位置突出而重要，使人感到它是皇城真正的大门。

承天门真正取代大明门，成为皇城正门是在清朝初年。明崇祯十七年（1644年），李自成率大顺军攻进北京城时，曾向承天门射了一箭，说明当时它还未被毁。但大顺军撤离时，承天门遭毁坏。清顺治皇帝进北京时，承天门只剩下光秃秃的城基和五个门洞，台基上的大殿已焚毁。

顺治八年（1651年），清世祖下诏重修承天门。在高1.95米的汉白玉须弥座上，以24公斤重的大城砖砌起实心城台，高12.3米。城台辟五个拱券门，城楼面阔九间，进深五间，以应《周易·乾卦》"九五，飞龙在天"之意。重檐歇山顶，黄琉璃瓦覆盖。竣工后，改名天安门，希望此后天下安定。由此，天安门完全具备了皇城正门的地位和作用。

随着天安门地位的上升，大明门在顺治元年（1644年）改为大清门后，与长安左门、长安右门组成了天安门前的罩门。这种变化在乾隆三十八年（1773年）编纂的《日下旧闻考》中有所体现，正阳门之内为"大清门，三阙，上为飞檐崇脊。门前地正方，绕以石阑，左右石狮各一，下马石碑各一"。"大清门门之内千步廊，东西向，各百有十间，又折而北向，各三十四间，皆联檐通脊。千步廊东接长安左门，西接长安右门，门各三阙，东西向。两门之中南向者天安门……为皇城正门"。

在皇城诸门中，目前仅天安门得以完整保存。

明清两代，天安门是帝王颁发诏令的地方。不过具有讽刺意味的是，天安门城楼里的最后一道诏书，是清宣统三年（1911年）十二月二十五日，隆裕皇太后颁布的溥仪退位诏。

天安门还是"仪式必经之路"。每逢冬至到天坛祭天，孟春祈谷到先农坛耕耤田，以及皇帝大婚和出兵亲征南下等隆重

瑞典学者喜仁龙所摄的天安门（1924年前）。

清晨的天安门雄伟庄严。

典礼，都要从天安门出入。

1950年6月18日的中国人民政治协商会议上，通过了梁思成、林徽因、张仃等人将天安门设计入国徽的方案。9月20日，毛泽东下令公布为中华人民共和国国徽。

开国大典、35年大庆、50年大庆、60年大庆……天安门作为党和国家进行重大活动的场所，屡屡向世界宣告着中华民族的豪迈。

1988年1月1日，城楼以收费的方式对外开放。据亲历者描述，假如不是亲临现场，你根本无法体会到排队时那种庄重肃静的气氛。人们个个一本正经，仿佛不是来游览，而是预备发表就职演说或者接受电视采访！可见天安门在人们心目中的神圣地位。

皇城到底有几座大门？历来说法不一，有四、五、六，甚至还有七和八门说。其实，这些说法都与天安门在皇城中的地位有着直接的关系。

四门之说，是清初改承天门为天安门后的提法。乾隆七年（1742年）编修《国朝宫史》中载皇城"有天安、地安、东安、西安四门"。

五门之说，指承天、北安、东安、西安四门和前正中凸出的大明门（清称大清门，民国后称中华门）。

六门之说，是在明万历朝编纂的《大明会典》中"皇城起大明门，长安左、右门，历东安、西安、北安三门"。可见此时皇城的门还是以城墙开门来认定的，没有提到天安门。天安门那时还只是皇城内建筑。

七门之说，是在清嘉庆朝编纂的《大清会典》中"皇城，其门有七"，是在六门的基础上增加了天安门。

八门之说，是大明门、长安左门、长安右门、天安门、端门（天安门与午门之间的门）、东安门、西安门、地安门。

长安左、右门

按说东安、西安、地安三位，门消失了，只留下地名是够痛苦的了。但比这更痛苦的是，门消失了，地名也消失了。这就是长安左、右门，中华门。

长安左、右门大致位于太庙和社稷坛南门一带，与中华门、天安门，共同围合成了一个"T"字形宫廷广场，是北京旧城中轴线的关键衬托。长安街的名称，即来源于此。"长安"有"长治久安"之意。

新中国成立之初，相当一部人认为长安左、右门妨碍了游行和交通，主张拆除："每年有几十万人民群众雄壮的队伍

1950年的长安左门。

1952年的长安右门。

在这里接受毛主席的检阅。但在东西三座门没有拆除之前，它
们在交通上妨碍这样重要的活动。""节日游行阅兵时，军旗过
三座门不得不低头，解放军同志特别生气。游行群众眼巴巴盼
着到天安门前看看毛主席，但游行队伍有时直到下午还过不了

三座门，看不着毛主席。"

梁思成与林徽因曾想方设法阻止拆除。文化界至今流传着一个故事：林徽因说，如果要拆它们，她就到那里上吊！梁思成也说，长安左门是他的左膀，长安右门是他的右臂！

而遗憾的是，1952年，长安左、右门还是在一夜之间就不见了。梁先生知道后，哭了……

中华门

"日月光天德，山河壮帝居"。明大学士解缙题的这副著名对联就曾挂在中华门。

1912年10月9日，也就是辛亥革命周年庆典的前夕，将大清门更名为中华门。原本打算把门匾拆下，翻用背面刻上"中华门"即可；但是待石匾拆下后，发现里面竟是"大明门"三字，原来清人早在200多年前就已使用了这个办法！于是只好重新赶制了一块木匾，由京兆尹王冶秋题写"中华门"三字，挂于檐下。

1959年新中国十年大庆时，为扩建天安门广场将其拆除。1977年在中华门原址建毛主席纪念堂，门外的石狮于同年移至正阳门箭楼之前。

1954 年的中华门。

明代天安门广场平面图,可见天安门(承天门),长安左、右门与中华门(大明门)的关系。

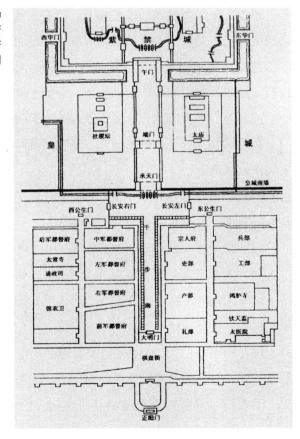

西安门

走出天安门广场，沿长安街向西到府右街，向北经灵境胡同后进入西黄城根大街，在西安门路口东南，就见到了灰头土脸的西安门标识。

西安门位于皇城西墙中段偏北，因有太液池相隔，所以距紫禁城较远，并且与东安门不相对称，而是对应着北海大桥。

西安门建于明永乐十五年（1417年）。无城台，门基为青白石，红墙，单檐歇山黄琉璃瓦顶，面阔七间、进深三间，正中明间及左、右次间为门，各有红漆金钉门扇1对。朱红的大门上有纵横九九八十一颗镏金钉，华贵而威严。左、右稍间及末间作值班房。

明宣德六年（1431年），汉王朱高煦谋反，宣宗亲征，将其押解回京，并在西安门内营建其禁居。

康熙二十年（1681年），西安门内出土唐代墓志一合，记卞氏葬"幽都县东北五里礼贤乡之平原"。它是怎么出土的？是不是清人也考古？这无人能答。后人唯知的是，这里在唐代属礼贤乡，还是荒地一片。

现在的西安门大街111号是家普通小卖部，不过别拿村长不当干部，它曾经是清代守卫西安门卫士的宿舍。

西安门可以称得上是旅游必经之门。因为明清两代皇帝

西安门，翻拍自西安门路口标记上的图片。

现在西安门路口，当年西安门的位置。虽然人行道是绿灯，但右转的车辆没有一辆避让我。于是我等过马路的人撮了一堆时，以"中国式过马路"的方式通过并随手拍下了这条曾被老舍先生誉为"北京最美的街道"。

出宫去西山踏青纳凉，必经西安门。不过，明末农民起义军李自成也是从西安门进入皇城并占领紫禁城的。当年"西安门"三字上方的箭痕，就传为他所射。

民国时期，随着西皇城墙的拆除，只剩下孤零零的城门。新中国成立后，门两边的值班房由养路队与清洁队使用。旁边还有许多小生意人做买卖，逐渐形成了一排300余米的棚户区。

1950年11月，北京市决定拆除西安门，以改善交通。刚开过准备会，即将着手大干之际，却不用动手了——因为它意外地于12月1日凌晨毁于祝融之灾。但人们对着火的原因似乎看法不同。

曾参与拆除的工作人员回忆，火灾是因西安门南头的清洁队夜里取暖，不慎失火导致。

但在1950年12月3日《人民日报》2版刊登的《棚户最易引起火警 京西安门市场失火 市场棚户应接受教训防火防特》却有不同的版本。报道称"火警的原因系起于西安门南旁摊贩临二十六号住户王朝宗家，王朝宗是经营干果、纸烟、火柴等易燃物品的摊贩"，希望"全体市民提高警惕，严防特务放火，以维护人民利益与社会的安全"。

这段历史公案至今恐怕没有人能回答得清，反正西安门被一把火烧光了。不知这算不算新中国成立后被烧毁的第一处文物古建。若不幸是的话，则可以写进中国消防史了。

地安门

绕皇城转了一圈后，来到了地安门。

> "One night in Beijing，我留下许多情，不敢在午夜问路，怕走到了地安门。人说地安门里面，有位老妇人犹在痴痴等。面容安详的老人，依旧等着那出征的归人。One night in Beijing，你可别喝太多酒，走在地安门外，没有人不动真情。"

陈升的《北京一夜》唱不尽沧桑多情、唱不尽心酸无奈、唱不尽婉转哀怨，让地安门名扬KTV内。

地安门位于平安大街与地安门内大街相交的路口，既是皇城北垣正中，也位于北京城中轴线上，往北为万宁桥、鼓楼，向南为景山寿皇殿。明永乐十八年（1420年）始建，称"北安门"，俗称"后载门"或"后门"。明弘治、隆庆年间都曾修葺，清顺治九年（1652年）重建，并随着承天门改为天安门，相应改称"地安门"。

地安门为砖木结构之宫门式建筑，面阔七间，正中设朱红大门三座——中明间及两次间为通道。明间宽7米，两次间各宽5.4米，左右各两梢间为值房，四梢间各宽4.8米，总面阔38米，通高11.8米，进深12.5米。其大门洞为方形，与大清

已被拆除的地安门,只能在老照片中追寻它的风采。

如今地安门路口川流不息的人与车,远处正中为位于北京中轴线上的景山万春亭。

门、天安门的圆门洞相对应，寓意天圆地方，天地平安。

地安门左右两侧各有两对木结构的雁翅二层楼。一对呈直列式位于大街北侧，一对呈曲尺状位于大街南端拐角处。地安门内大街北端西侧有一条西楼巷胡同，就是因地处雁翅楼西侧而得名。大街南端拐角处两侧的雁翅楼如今早被两座仿古式的大楼取而代之。

燕翅楼原为清朝内务府满、蒙、汉上三旗公署。民国十三年（1924年）皇帝被逐出宫时，部分太监曾暂栖于此楼。地安门内大街1、3号，原为明、清守卫地安门警卫的值班房，1998年修平安大街时拆除。

同其他几门一样，地安门也亲历了许多重大历史事件。明清皇帝北上出征巡视大多出地安门，去地坛祭祀时也走地安门。1900年八国联军入侵北京，慈禧太后裹挟光绪帝仓皇出逃，走的还是地安门。

从北门逃出的西太后，饥肠辘辘，流下了吃窝头的传说，成功地当了一回"北丐"。1924年，冯玉祥驱逐末代皇帝溥仪，他灰溜溜退出皇宫，走的还是地安门。地安门见证了大清王朝和中华帝制的终结。

1954年底，为了疏导日益繁忙的城市交通，政府打算拆除地安门。因为它处于中轴线的重要位置，梁思成曾提出过交通环岛的保留方案。但遗憾的是，方案最终未被采纳。见证了拆除经过的老人回忆称，拆下来的鸱吻就有近两米高。

次年 2 月 3 日，路面竣工，车辆通行。有关部门将拆下来的门窗、木梁、木柱、木柁、木檩等都一一编号登记造册，连同砖石琉璃瓦等统统运往天坛，计划在天坛北门内照样移建一座地安门。

不料，日后天坛内发生火灾，堆垛在那里的木质材料全部化为灰烬，移建之议从此也就泡了汤。

2012 年初，一度传出地安门要复建的风声。因为此处为道路节点，消息传出，会不会影响交通？花钱修"古董"有何意义？人们议论纷纷。后经北京市文物局辟谣：复建方案并没有确定，要根据中轴线申报世界文化遗产的要求进行。

其实，复建不复建并不重要，重要的在于有没有以有效的方式展示它的历史。而不是站在大名鼎鼎的地安门路口，放眼望去，看到的只是几家卖炒栗子的和变了味的北京小吃，再就是从不知道减速避让行人的汽车。近年多提倡"创新"的意识与思维。"北京精神"还将"创新"作为精髓。创新很重要，但创新的前提在于继承，而不是割裂。

四

....

皇宫、太庙与社稷

皇城的中心区域是明清两代的皇宫——紫禁城。并依照《周礼·考工记》的理想——"左祖右社"的原则建造了太庙和社稷坛，分立于紫禁城南面东、西两侧，用于祭祀祖先和社稷。太庙以巍巍三大殿建筑为核心，而社稷坛则以低矮的祭坛空间为核心。两者共同组成皇城中轴线两侧"一实一虚"的空间格局。

皇室、宗法与国家，如鼎之三足，铸起封建社会最核心的精神内核。等级秩序、传统礼仪，尽体现于此。强化的是中央集权，追求的是国家统一。

要体验一点儿皇城的贵气吗？不妨来这几处走走。

紫禁城（故宫）

站在故宫午门广场的您，可以有三种游览选择。

第一是向北进入紫禁城。

明成祖朱棣夺取帝位后，决定迁都北京。永乐四年（1406年），他下令仿照南京皇宫营建北京皇宫。这项"国家重点工程"动用工匠23万、民夫百万，至永乐十八年（1420年）落成。

这里居住过24位皇帝，是世界上现存最大、最完整的木质结构古建筑群。传说，玉皇大帝有 10 000 座宫殿，而人间皇帝为了不超越神，所以只修建了 9 999 座宫殿。真正的紫禁城占地 72 万平方米，建筑面积约 15 万平方米，共有殿宇 8 707 间。

紫禁城之名依照中国古代星象学说。紫是紫微垣，位于天的中央最高处，共有 15 颗恒星，被认为是"运乎中央，临制四方"的宫殿，乃天帝所居，天人对应，故名之。

整个建筑被两道坚固的防线围在中间：四面环有城墙，城墙南北长 961 米，东西宽 753 米，高近 10 米。城外有一条宽 52 米、深 4.1 米、长 3 500 米的护城河环绕，构成完整的防卫系统。

紫禁城布局严谨，秩序井然，寸砖片瓦皆遵循着封建等级礼制，映现出帝王至高无上的权威。

春花灼灼、夏日炎炎、秋木萧萧、冬雪霏霏（彩图二），四时变幻，紫禁城各有风采。

城墙上开有 4 门：南为午门，北是神武门，东有东华门，西乃西华门。城墙四角耸立着 4 座 3 层屋檐、72 条屋脊的角楼，玲珑剔透，造型别致，为中国古建筑中的杰作。

角楼充满了传奇色彩。传说永乐皇帝下令在紫禁城的四角盖四座样子特别的楼，每座都要有九梁十八柱、七十二条脊，如果三个月内建不好就要杀头。额滴神啊！世界如此美妙，他却如此暴躁！

紫禁城的角楼，是摄影发烧友们最爱的"麻豆"之一，还是拍婚纱照的最佳背景之一。

工头和木匠们对这项工程都没把握，只好常在一起琢磨，虽然做了许多模型，却都不符合要求。眼看限期就要到了，还没有一点头绪，大家急得吃不下饭，睡不好觉。正值此刻，工地来了一个卖蝈蝈的白胡子老人。一位木匠买了一只，想回去听蝈蝈叫解闷儿。突然他灵机一动——看那蝈蝈笼正好是九梁十八柱、七十二条脊的形状。工匠们受到启发，琢磨出了角楼的样子，经过连日的施工，角楼终于在碧绿的筒子河边建立起来。

正可谓："故事里的事，说是就是，不是也是；故事里的事，说不是就不是，是也不是。"

紫禁城被誉为世界五大宫之一，其余为法国凡尔赛宫、英国白金汉宫、美国白宫和俄罗斯克里姆林宫。联合国教科文组织委员会评价：紫禁城是中国五个多世纪以来的最高权力中心，它以园林景观和容纳了家具及工艺品的9 000个房间的庞大建筑群，成为明清时代中国文明的历史见证。享誉京城的"九坛八庙"中的"八庙"，紫禁城里就有两座，分别是祭祀皇帝先祖的奉先殿和供奉皇帝、王师牌位的传心殿。

2011年9月，我在巴黎拜见法国文物局欧洲和国际事务管理部（Department for Eurpoean and international affairs）主任Bruno Favel。他以不下于五次的亲身体会，高度赞扬了紫禁城之美。我一方面为本民族灿烂的文化而自豪，另一方面也为自己反而没有一个老外去的次数多而惭愧。

梁思成称赞紫禁城道：

"清宫建筑之所予人印象最深处，在其一贯之雄伟气魄，在其毫不畏惧之单调。其建筑一律以黄瓦、红墙碧绘为标准样式（仅有极少数用绿瓦者），其更重要庄严者，则衬以白玉阶陛，在紫禁城中万数千间。凡目之所及，莫不如是，整齐严肃，气象雄伟，为世上任何一组建筑所不及。"

面对紫禁城这类的皇家建筑该怎么欣赏？简单地说，屋顶、形制、开间等，都是不可或缺的因素。屋顶可先看颜色。黄色主要用于皇帝居住和行政办公的地方，绿色用于皇子居住区。其他蓝、紫、黑、翠以及孔雀绿、宝石蓝等，多用在花园或琉璃壁上。

再看屋檐上的走兽。坐落在紫禁城对角线中心的太和殿，四角檐上各有10只。其他建筑上的走兽数量按等级高低递减，且数目均为单数，如午门、天安门都是9个，各主要门楼则只有3—5个。走兽的顺序也雷打不动：最前面领头的是仙人骑凤，其后依次是龙、凤、狮、海马、天马、押鱼、狻猊、獬豸、斗牛、行什。

还要看看屋顶的形制。例如三檐、二（重）檐、单檐。庑殿顶是四面坡顶的屋顶，你见不到水平或垂直的地方；歇山顶是把庑殿顶的两个窄面的上半截垂直切一下，形成三角形，三角形上有一组七心钉。悬山是指屋檐的两端挑出在山墙外，硬山则不挑出。正脊是指屋顶上有一根横条，卷棚指没有屋脊。

总之，重檐的等级比单檐的高，庑殿比歇山高，悬山比硬山高，正脊比卷棚高。太和殿就是重檐庑殿，天安门是重檐歇山，故宫英华殿是单檐庑殿。

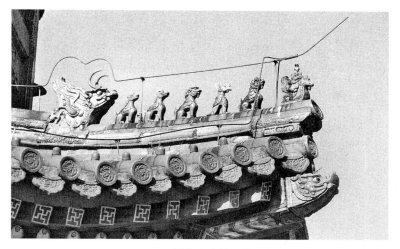

屋檐上走兽的数量与顺序，有着严格的讲究。

其次看开间。例如太和殿面阔11间，午门、天安门等为9间。

此外还需参考基座的高低、彩画的形式、室内吊顶的制式、门钉的数量乃至彩绘是龙还是花草、龙爪有几趾等，细的不能再细了。

了解这一套简单的"顶、间、彩"的参观办法，您也许和朋友就有的吹了。

为了突出帝王至高无上的权威，紫禁城有一条贯穿南北的中轴线。在这条线上，按照"前朝后寝"的古制，布置着帝王发号施令、象征政权中心的三大殿（太和殿、中和殿、保和殿）和帝后居住的后三宫（乾清宫、交泰殿、坤宁宫）。

在其内廷部分（乾清门以北），左右各形成一条以太上皇居住的宁寿宫，和以太妃居住的慈宁宫为中心的次要轴线。它们又以外朝的太和门为中心轴，与左边的文华殿，右边的武英殿相呼应。次要轴线和中央轴线之间，有斋宫及养心殿，其后即为嫔妃居住的庭院深邃、建筑紧凑、排列对称、自成一体的东西六宫。

提到紫禁城，就不能不八卦一下明朝那些人、清朝那些事儿。

首先是蒯祥。他继承了父亲蒯富的高超技艺，出任"木工首"，三大殿都出自他的手笔。承天门也是在他的运筹下竣工的。建成之后，永乐皇帝龙颜大悦，称他为"蒯鲁班"。"凡百营造，祥无不与"，《宪宗实录》中如是说。

这哥儿们不仅木工技术纯熟，还有很高的艺术天赋和审美意识，天生是干建筑的料。他能以双手握笔同时画龙，合二为一，简直是郭靖和小龙女的合体。干活时，他只需略加计算，便能画出设计图来，待施工完毕后，实物与设计图样大小尺寸分毫不差，牛吧！

其次是样式雷。康熙年间重修太和殿，在落成上梁大典时却摊上大事儿了——梁上不上去。就在康熙不爽之际，一个新来的江西永修匠人雷发达闪亮登场了。只见他手持短袖斧，利索地爬上大梁，一会工夫大梁就上去了。康熙顿觉很有面子，当即授予他处级（七品）官职。可见有没有技能很重要，能不能关键时刻在领导面前表现更重要！

雷氏的后人也发达了。直到第七代雷廷昌于光绪末年逝世，他们家族负责过北京紫禁城、三海、圆明园、颐和园、静宜园，承德避暑山庄，清东陵和西陵等重要工程的设计。因为他家几代是清廷样式房的首席建筑设计师（掌案头目人），而被世人尊称为"样式雷"。

样式雷家族中，声誉最好、名气最大、最受朝廷赏识的是第二代的雷金玉。他因修建圆明园而开始执掌样式房，是雷家第一位任此职务的人。康熙在《畅春园记》里曾经提到他非常牵挂一位杰出的匠师，即指雷金玉。老雷70大寿时，雍正帝还命四阿哥（弘历）亲笔为雷家题写了一块匾额。

雷氏家族的独门绝技是烫样。所谓烫样就是用硬纸板、秫秸、木头粘贴而成的"房模"，它是中国古代建筑设计中特有的产物。其台基、瓦顶、柱枋、门窗以及床榻桌椅、屏风纱橱等均按比例制成。

紫禁城见证过诸多皇室风云。如明代正统皇帝复辟的夺门之变、嘉靖皇帝被宫女谋刺的壬寅宫变、万历年间梃击太子宫的"梃击案"、泰昌皇帝因服丹丸而亡的"红丸案"及他死后围绕着新皇帝登基的"移宫"风波。清初诸王公大臣为确立皇权的三官庙之争、清末慈禧太后谋取权力的辛酉政变等。

这里还是许多清宫剧和穿越剧的发生地。"慈禧红的时候大讲西六宫，乾隆红的时候大讲宁寿宫。《还珠格格》一火，还得说漱芳斋。幸亏我知道螽斯门、碎玉轩是虚构的，否则游客要找《甄嬛传》的地方，我上哪里去变呀！"一位90后的女导游这样总结自己解说词的变迁。

1911年辛亥革命后，按当时拟定的《清室优待条件》，逊帝爱新觉罗·溥仪被允许"暂居宫禁"，即"后寝"部分。溥仪居住了14年后，冯玉祥发动"北京政变"，将他逐出，同时成立"清室善后委员会"，接管了紫禁城。

溥仪出宫后，段祺瑞以及清朝遗老们都策划着让他再次回宫。形势紧迫，为了防止这一情况的发生，1925年10月10日，故宫博物院正式成立并对外开放，此后紫禁城才被称为故宫，意为过去的皇宫。

从此皇家私人禁苑成为市民接踵之处。故宫对普通市民的开放，宣告了新时代的光阴将要穿过封建王朝的封闭大门。是日，北京城内如逢盛事，用当时报纸刊载的文章形容是："万人空巷，咸欲乘以国庆佳节，以一窥此数千年神秘之蕴藏。"

开放的那天，第一批游客肯定觉得像做梦一样：只需掏钱买一张门票，即可自由进出于这皇家禁地——要放在从前，绝对是杀头之罪。

刘震云的小说《官人》中，单位厕所的卫生状况与人事形势有着直接的因果联系。故宫上演了一出现实版。随着清王朝的没落，宫内建筑日渐破坏，多处宫殿倒坍，垃圾成山。上世纪50年代初，从故宫里清除出去的上百年的垃圾竟达250 000立方米！如果修一条6米宽、高0.35米的路，可以从北京铺到天津去。

2007年9月，在紫禁城西墙外发现了大片的建筑基址、灶址等。在故宫之外，又紧邻故宫，这样的建筑当初是作什么用的？

通过对地层和出土文物的研究，这片建筑基址建于明代中期。再查查《明宫史》，大名鼎鼎的明武宗（明中期）正德皇帝在西河沿设有一处游玩的场所，名为"廊下家"，便是此处了。

正德皇帝，是中国历史上出了名的玩闹皇帝。廊下家，本是宦官们的宿舍，但到了正德时期，忽然热闹起来。在老大的指挥下，宿舍变成了集市，宦官们摇身一变成了掌柜。集市的货源极其充足——都是来自各地的贡品。

故宫西河沿考古发掘揭露出的建筑基址。

　　廊下家一共有六座店铺，分别名为宝和、和远、顺宁、福德、福吉、宝延。当朝天子朱厚照率先垂范身体力行一身商人行头，一本正经地与各掌柜讨价还价。掌柜们也都非常入戏，与皇帝争得不亦乐乎。更常常为了蝇头小利，到市场管理员"市正"那里讨还公道。朱厚照一路逛街下来，早已是筋疲力尽，于是就钻进路边的廊下酒家。这里更是火爆，有唱小曲的、斗鸡的、玩狗的、耍猴的、演马戏的，还有风情万种的老板娘当街卖酒。这里卖的酒可不一般。明代廊下家沿街种了很多枣树，宦官中有精通酿酒技艺者，用熟透的枣作曲酿酒，香甜怡人，称为"廊下内酒"，流传到宫外，成为京师名酒之一。

今日若是哪家酒厂有兴趣，开发出以"廊下家"为名的枣酒，定会名利双收。当然，这里所有人其实都是演员，但对于宦官和宫女们来说，还有什么比伺候皇帝高兴更神圣的任务呢？

酒吧里早有一帮男女喝得兴致盎然。年轻的皇帝也不摆什么架子，混进众人当中，划拳行令，认赌服输，最后酩酊大醉，倒头便睡，睡醒接着玩，有时一连几天都不回内廷，害得一班后妃，独守空房。

据《明宫史》记载："自北而南过长庚桥至御酒房后墙曰长连，可三十一门。再前层曰短连，可三门。并玄武门东计之通共五十四门，总曰廊下家，俱答应、长随所在，各有佛堂以供香火，三时钟磬，宛如梵宫。"2007年发掘出的一处建筑基址中，每块用砖上都戳印有"卐"字纹———一般认为是佛教的名号，这也和上面"廊下家"内建有佛堂的记载相一致。

如今，当年那个淫乐嬉游、纵情声色的荒唐皇帝早已成为历史的笑柄。此地空余廊下家。

太庙

第二种选择是从午门广场向东进入太庙（劳动人民文化宫）西北门。

太庙是明清两代皇室的祖庙，是国家祭祀设施中“庙”的最高等级建筑群。

它始建于明永乐十八年（1420年），嘉靖二十年（1541年）毁于雷击，四年后重建。清顺治六年（1649年）又重修，乾隆元年（1736年）再次大修。辛亥革命后太庙仍归清室所有。

太庙布局严谨，形制尊贵，红墙、黄瓦、汉白玉阶基，为皇城内仅次于紫禁城外朝三大殿的建筑群。环绕的参天古柏，增添了它作为皇家最尊贵的祭祀建筑群的庄严肃穆之气。

太庙的石雕台基，两边为螭首，中间为角螭，上部为精美的汉白玉护栏和龙凤云纹望柱。《说文·虫部》：“螭，若龙而黄。”“螭”为传说中的龙生九子之一，它的肚子能容纳很多水，所以在建筑中多用于排水口的装饰，称为螭首散水。

太庙以古柏著称，百年古木姿态各异令人赞叹。入西北门就可看到的"树上柏"，在8米高的斜枝上长出，蔚为奇观。此柏为清朝满人入主北京，天下大定后所生。座枝指向皇宫，寓清承袭明宫殿、社稷根基稳固之意。

北京有句老话，"元槐、明柏、清代松"。明代种植了浩瀚的柏树，所以留有很多大面积的古柏群，除太庙外，还有天坛、地坛、日坛、先农坛、社稷坛、故宫的御花园、十三陵等处。明代有两位皇帝十分重视种植柏树，这两位绿化标兵就是永乐帝和嘉靖帝。

太庙的主要景点有祧庙（祭祀始祖、远祖之庙）、寝殿、享殿、中华和钟、戟门、琉璃井亭、神厨、琉璃门等。享殿又名前殿，是整个太庙的主体，坐落在三层汉白玉须弥座上，殿高32.46米。殿内梁栋饰金，地墁金砖，68根大柱及主要梁枋为金丝楠木，是我国现存规模最大的金丝楠木宫殿。陈设金漆雕龙雕凤帝后神座及香案供品等。整个建筑雄伟庄严、富丽堂皇，可以想象当年钟鼓齐鸣、韶乐悠扬、佾舞翩跹。

清代皇帝祭祖，每年四季首月祭典称"时享"，岁末祭典称"祫（音侠）祭"，凡婚丧、登基、亲政、册立、征战等家国大事之祭典称"告祭"。祭前先将祖先牌位从寝殿、祧庙移至此殿神座安放，然后举行隆重的仪式。

"柏三"是"鹿形柏"，植于享殿西侧。从东北方向观看，

享殿是重檐黄琉璃瓦庑殿顶。九龙贴金题额为满汉文的"太庙"，相传出自顺治皇帝的手笔。

其枝干树冠形如梅花鹿，两个树洞，恰似嘴和眼，顾盼机警，奔驰跳跃，静中有动。它有一段鹿化为柏的美丽传说。太庙幽禁时，树旁原有灰鹤栖息，被视为松柏常青，鹿鹤同春的吉象。

从享殿向南，经过西侧的燎炉，就到了戟门。戟门为黄琉璃瓦单檐庑殿顶，汉白玉绕栏须弥座，中饰丹陛。两侧各有一旁门。门外原有为皇帝临祭前更衣盥洗的木制小金殿一座。按最高等级的仪门礼制，门内外各列朱漆戟架4座，共插银镦红杆金龙戟120枝。可惜1900年被八国联军全部掠走。

门外的东西侧各有井亭，很是幽静，经常可以看到肥嘟

太庙戟门和戟门桥。桥前的太平缸是明代遗物,主要用途是防火贮水。冬天为了防冻,大缸要加盖,底下还要起火保温。

嘟的大喜鹊,是歇脚的好去处。每逢盛夏,玉带河中开满了荷花,十分赏心悦目。行至此间,面对勃勃生机的景象,有种如释重负之感。

　　出琉璃门,东南的"太子林",是太子们当年种树的地方。据说,太子们很顽皮,栽种不按套路,也没人敢制止他们,所以这里的参天古树纵横排列都参差不齐。

　　如今面临长安街的太庙南门,在明清时期是不存在的。因为太庙和紫禁城本是一体。祭祀时,皇帝和仪仗队是从紫禁城端门左侧到太庙街门。1914年,才开辟了太庙南门。

　　民国十三年(1924年)太庙由北洋政府接管,改为和平公园。七年之后,由故宫博物院接管,成为分院。

　　有关太庙的功能,林语堂的《大城北京》中这样写道:

"在中国社会，祖先崇拜在生活中历来占有很重要的地位，因此坐落在皇城东南角的皇室祖庙——太庙也就显得十分重要。一年中每个季节的头一天都要供奉牛羊来祭祀先帝的灵魂。按照古代赶庙的习俗，每当做出影响皇族前途命运的决策时，都要在此向死去的亡灵一一通告。与普通人家的祖庙不同，皇家太庙有一个显著的特点，就是殿堂被分成各个祭室，每个祭室供奉一位皇帝，而且为每位皇帝和他的后妃设有御位。皇帝御位置于中央，两侧是皇后的御位。例如，康熙有四位皇后，便另设有四个御位；乾隆有两后，咸丰有三后，可怜的光绪只有一位皇后。庭院里有古老的松柏，许多乌鸦栖聚在上面。这些鸟凭经验已经知道这个场所是禁止射猎的，在中国其他地方的许多祭祀场所也是如此。"

　　北平和平解放后，太庙仍隶属于故宫博物院。当时的北京市委文委书记李伯钊（杨尚昆的夫人）建议，应当建立文化宫，作为全市职工群众文化活动的阵地。经北京市工会主席肖明和全国总工会副主席李立三向政务院请示，在周总理的主持下，政务院开会讨论，才批准把太庙拨给北京市政府，改为北京市劳动人民文化宫，并拨405143斤小米作为筹备经费。1950年"五一"国际劳动节正式开放。郭沫若曾作诗贺："昔为帝王庙，今作文化宫。"

对于北京人来说，太庙不只是肃穆幽静。劳动人民文化宫先后开设过文化活动厅、职工大学、展览厅、电影馆、图书馆、棋艺室、体育场、剧场等，举办了各类的技术学习班和讲座，组建了美术组、摄影组、文学创作评论组、诗歌创作组及工人业余艺术团等各种文化团体。在许多人的脑海中留下了美好的回忆。原中国文联党组书记高占祥，就是从这里的职工业余文学创作组迈出了他文学之旅的第一步。我上小学时，看的第一本武侠小说《天龙八部》的扉页上赫然印着：北京市劳动人民文化宫图书馆。于是便"向来痴"、"从此醉"了。

改革开放以后，商业活动也渐渐瞄准了劳动人民文化宫。李阳在这里为他的疯狂英语做宣传推广，冯小刚拍摄了贺岁喜剧《大腕》，张艺谋歌剧《图兰朵》把这里作为剧场，2008年4月30日奥运倒计时百天庆典的晚会也曾在此上演。

平时幽静的劳动人民文化宫中，前来拍婚纱照的情侣很多，甚至超过真正参观的游客。大概是因为这里古香古色的氛围、门槛不高又人烟稀少。真不知这是一种欣慰还是悲哀。

社稷坛

第三种选择自然就是向西进入社稷坛（中山公园）的东

门了。但我不推荐您这样走，而应穿过天安门城楼和金水桥，从南门进入。因为这样，您可以从西门出去，再坐5路公共汽车前往下一个目标景山。

社稷坛是明清两代祭祀社、稷神祇的祭坛——社稷是"太社"和"太稷"的合称，社是土地神，名叫句龙；稷是五谷神，名叫弃。两者是农业社会的守护者。

它是京城"九坛"之一，余者为天坛、地坛、日坛、月坛、先农坛、先蚕坛、祈谷坛、太岁坛。

社稷坛址辽金时期为城市东北郊的兴国寺，元代扩入大都城内，改名为万寿兴国寺。今坛南侧的数株古柏据说就是辽金古木，有近千年历史。明永乐十八年（1420年），在此建社稷坛，清代因之。

坛内古木参天、浓荫匝地、花香袭人。相比太庙的安静，它要热闹得多。主要景点有"保卫和平"坊、水榭、唐花坞、习礼亭、兰亭八柱亭、来今雨轩、蕙芳园、社稷坛、愉园、格言亭和儿童运动场等。

若您从南门进入，一眼就可看见"保卫和平"坊，这里记载了一段民族屈辱和复兴的历史。在我看来，这是一段极好的影视素材，强过好莱坞大片百倍。

光绪二十六年（1900年）6月14日，德国驻华公使克林德男爵在北京内城城墙上下令枪杀义和团团民约20人。6月20日上午9时许，他从东交民巷使馆区乘轿子前往总理衙门交涉回国事宜。行至东单北大街西总布胡同西口处，清军神机营霆字枪队（清军中装备最好的队伍之一）章京恩海（寿）看到洋人乘轿而来，即站在北面高处，取枪对准轿子下令检查。克林德发现后，在轿中首先开枪，未中。恩海开枪还击，克林德当场毙命，翻译受伤。这就是当年轰动一时的"克林德事件"。

次年1月16日，清政府和西方列强签订的《辛丑条约》，第一款就规定清朝要派遣亲王赴德国就克林德被杀一事向德国皇帝道歉，并要求在其被杀地点建一座纪念碑。坊间八卦传，经过和八国联军统帅瓦德西相好的名妓赛金花斡旋，德国最终同意在其被杀处立一牌坊。

牌坊于1903年1月8日竣工，按要求位于克林德毙命之处。落成"典礼"上，醇亲王载沣代表清朝前往致祭。"原凶"恩海毫无惧色上法场，在牌坊下慷慨就义。这高潮的一幕，让人热血沸腾！中华民族几多慷慨悲歌之士，他们是民族的尊严！

《走向共和》中恩海临刑前的一段台词，仍然掷地有声：

"是我杀死了克林德，我敢作敢当！但是克林德身为公使，竟亲自枪杀我同胞，开枪向我示威，这是一个国家使节应该干的事吗？！我击毙他，是他罪有应得。今天，我的血将洒在这白石牌坊前面，这只能使人们永远不会忘记，只要有人想在中国的土地上逞凶，不管是什么人，中国人就有不怕死的敢回敬他一枪！""中国，是中国人民的中国！我虽然死了，我高兴的是，我是死在生我养我的中国土地上！"

牌坊的三块坊心石上分别用德、拉丁、汉语镌刻着以光绪皇帝名义下达的对克林德之死表示惋惜并道歉内容的谕旨，并在额上书"克林德碑"。

第一次世界大战结束后，1918年11月13日，欢欣鼓舞的中国人以战胜国的身份将象征国耻的"克林德碑"拆毁，以洗刷这一耻辱。北京市民放假三天以事庆祝。

两天之后，陈独秀在《新青年》5卷5号上撰写了著名的《克林德碑》，表明了拆除有形的石碑容易，拆除人们心中无形的碑才是最重要的。

陈氏的文字，虽然出于政治立场而对义和团运动极尽挪揄嘲讽，但对于需要时日解放国人思想这一问题的指出，却是一针见血。

1919年初，法国驻北京外交代表会同中国方面，以战胜国的身份命令德国人将克林德碑散件运至社稷坛，将原先的文字铲除，重新组装竖立，改名为"协约公理战胜纪念坊"，由当时的国务总理钱能训撰写"公理战胜"，刻在碑上。从此，此碑也被称为"公理战胜"坊。

1952年，为了纪念"亚洲及太平洋区域和平会议"及表彰中国人民志愿军在抗美援朝战斗中的丰功伟绩，新中国政府决定将"公理战胜"坊改名为"保卫和平"坊——四个字由郭沫若题写。它向国人宣示了一个近代史上颠扑不破的真理——和平必须要用实力来保卫！没有实力，公理不会主动实现，和平不会实现！（彩图三）

向西行100米的水榭是1915年建于社稷坛的西南垣，收织女河于垣内，屋架水上而建。由四宜轩、迎晖亭、听雨桥、绘月石及湖岛等景点组成。民国时期，此处为名流集社的所在。1918年11月，李大钊在此发表了著名的演说《庶民的胜利》。

经过有花卉的唐花坞、有故事的明代习礼亭和宋代石狮、有书法的兰亭碑亭等，就到了来今雨轩饭庄。

原先的来今雨轩一带是民国时期备受北京市民，特别是知识分子喜爱的休憩、聚会之所。如鲁迅、钱玄同、马叙伦、傅斯年、胡适常在此小饮交谈，让这里茶香四溢、文采飞扬。也正是在这里，张恨水创作了《啼笑因缘》，鲁迅翻译了《小约翰》，柳亚子组织了"南社"活动，"中国画学研

水榭举办过《徐悲鸿遗作展览会》等知名画展,而今举办相亲大会等活动。

四宜轩在水榭的西北,因四面环水,琴棋书画咸宜,故得名。

究会"等也于此建立。这浓厚的人文气息,让行路的我心向往之。

"来今雨轩"的原匾为徐世昌书写,今匾为赵朴初居士所书。唐代杜甫《秋述》:"旧,雨来;今,雨不来",后来宋人范成大有"人情旧雨非今雨,老境增年是减年"的名句。从此,"今雨"专指新友。"来今雨轩"上世纪50年代的"三季"茶座儿和冬菜包子令人"心向往之"。

再向东行100米,经过了兰花展很有名的"蕙芳园",就到了不能不看的社稷坛。

来今雨轩建于1915年,今为1990年从原址迁来。

社稷坛上铺着"五色土"，当中一个一尺见方的土龛里立着长三尺六、方一尺六的石头柱子——以五色之土象征普天之下的国土，以"江山石"代表皇权居于中央并控制四方，从而永葆江山社稷——此处是北京作为首都最富象征意义的设计之一。

　　古人的观念中，社稷属阴，地位在"天"和天子之下，故皇帝行礼时应从北向南进入。于是，同太庙一样，社稷坛的建筑群自北向南，一反中国建筑从南向北的通例。

中黄、东青、南红、西白、北黑五种颜色的土，来自涿州、房山等地，代表社稷。远处为明清皇帝遇雨时祭祀的拜殿，八国联军侵华时曾为美军司令部，1928年后改名为中山堂。

民国三年（1914年）10月10日内务总长朱启钤将社稷坛改建为中央公园，成为北京最早开放的皇家园林之一。1915年将正阳门原礼部的"习礼亭"迁入；1917年从圆明园移来始建于乾隆年间的"兰亭八柱"和"兰亭碑"。1925年孙中山先生逝世后，曾在坛北的拜殿停灵。为纪念孙先生，1928年北平特别市长何其巩等爱国人士将公园改名为中山公园。并营造了松柏交翠亭、格言亭、蕙芳园等景观，还把河北大名古刹的宋代石狮移入，同时安放了多块清代宫苑中的名石。1929年在园内成立了中国第一个研究传统建筑的学术团体——营造学社。1942年7月建中山音乐堂于社稷坛东南。

新中国成立之初，中山公园大量栽植牡丹。1950年，在著名书画家叶恭绰（民国时期曾任交通总长，他的另一大功绩是保护了西四的万松老人塔）的建议下，又把城西名刹崇效寺（原为唐代卢龙节度使刘济的舍宅）的牡丹移到园内。后来又陆续引进了兰花、郁金香等花卉。中山花展，誉满京城。

牡丹绚丽，兰花优雅，郁金高贵。但对儿时的我而言，最吸引人的，莫过于五色土之东北110米远愉园的金鱼展了。当时用大号木盆盛满金鱼，三教九流争相到此看鱼，"木海观鱼"成为一大盛景。"水泡眼"、"十二红蝶尾"、"红头帽子"、"兰狮子"……最长的已活了20多年，看着是那么花样百出、憨态可掬。现在的"木海观鱼"已被有加热设备的金鱼墙所代替，即使是寒冬，也可以欣赏到胖乎乎的金鱼，给肃穆的社稷坛增添了几分童趣。

只是被轰上墙的金鱼，没有了同空气和自然的真正接触，犹如被装进了笼子。虽然"一天到晚游泳的鱼啊鱼不停游"，但"多少忧愁不肯走，流向心头"。

五

城中观山，城里看海

皇城，不光有巍峨的宫殿、庄严的城墙、敦实的大门，还有风景如画的（景）山、（三）海。那一抹抹苍翠，一波波荡漾，让人心旷神怡，厚重的心情一下子安静下来。

山、海的点缀，使皇城成为世界上最秀丽的古城之一。山、海已与城浑然融合，合为一体。近千年的演绎、无数的传奇，又让这山、海不是单纯意义上的自然景观，而是高雅别致，富有文化气息的人文圣地。每一处都有着说不完的故事……

景山

和紫禁城、三海、太庙等皇城内著名的文物古迹一样，介绍景山的书籍资料汗牛充栋。所以我不必事事列举在此耽误看官的时间，只以只言片语，讲述它的浮光掠影。

金代大定十九年（1179年），金世宗在太宁宫以北，增凿白莲潭（今北海）。挖出的土堆成小丘，建成皇家苑囿，称"北苑"。其山下环绕两重围墙，山上建瑶广楼，称为金中都十二景之一。

然而明代谈迁的《万岁山赋》中说："万岁山俗称煤山，相传漠北有山，金时辇致其土于燕积成。今北互禁籞，缭以周庐，天枢拱设，绵互钩陈。"这段记述又表明聚山的土源并不单一。

元营建大都后，"北苑"成为"后苑"。苑内有熟地8万平方米。皇帝在此躬耕，以昭示天下。

西方驴友的《马可·波罗游记》中有这样的记载：

> 离皇宫不远的北面，距围墙一箭远的地方，有一座人造的假山，山高整整一百步，四周长约1.6公里，山上栽遍美丽的常青树。皇帝（忽必烈）一旦得悉哪里有一株好看的树，就命令人把它连根带土挖出，不管有多大多重，也要用大象运到这座小山上栽种，因此这座山上的树木四季常青，并由此得名"青山"。山顶上耸立着一座装饰别有风味的亭子，亭身全部绿色。青山、翠树、绿亭，浑然一体，形成一幅爽心悦目的园林奇观。

明初曾在景山上堆煤，以防元朝残部围困北京引起燃料短缺。因此该山又称"煤山"。又一度称这里为"百果园"，为取"世世太平"之意，还种了不少苹果树和柿子树。

马汝冀在《西苑诗》序中说："在子城东北玄武门外，更比北上中门为大内之镇山高百余丈，周二里许，金人积土所成。旧在元大内，今林木茂密，其巅有石刻御座，两松覆之。

山下有亭，林木藏翳，周多植奇果，名百果园。"

永乐年间，明成祖朱棣依据"苍龙、白虎、朱雀、玄武，天之四灵，以正四方"之说，紫禁城之北乃是玄武之位，当有山。故将挖掘紫禁城筒子河和南海的泥土俱堆在此，形成五座山峰，称"万岁山"（非太液池中的万岁山）。

山上树木葱郁，鹤鹿成群，为重阳节皇帝登高之所在。更重要的是，堆山意欲镇压前朝之"王气"，并为紫禁城之"镇山"。堪舆学家们认为，它是主圣寿万年的，可以延长国家命运，作用极为重要：

第一，坚固背气。如同人的后背如果受凉就会得病一样。古人盖房子，讲究屋后有山。没山的话，北风就会穿过居住的房子，有山使人感到安全。

第二，护卫龙穴。交泰殿是紫禁城内廷后三宫之一，殿名取自《易经》，含"天地交合、康泰美满"之意，是皇帝和后妃们生活起居的地方。所以，在堪舆学上被视为紫禁城的龙穴。有山的遮挡，龙穴才能不被风吹雨淋，才可以产生一股生气，让子孙得以延续下来。

第三，起运生气。山就是气，万岁山的气就是王气。堪舆学家们认为，天山是与天上相通的，昆仑山又是与天山相通的，太行山又与昆仑山相通，燕山与太行山相通，天寿山与燕山相通，煤山与天寿山相连。山山通气，天上的王气通过这许多山给引下来，藏在了交泰殿的下面。

历代选址修宫殿，后面必定要有山。北海的琼华岛，是元代的镇山，明代修紫禁城，不能再用元代的镇山了。于是就用人工垒筑的办法，盖成了万岁山。它的风水学理论，就是晋代郭璞的《葬书》和南唐何溥的《灵城精义》。

万岁山的堆筑对于北京中轴线有着重要的突出作用，犹如歌曲经历了长时间的副歌之后一下子进入高潮。对紫禁城而言，沿中轴线的汹汹气势需要一个有力的结束，如同文末的点睛之笔。这个结束体的体量不能过小，小则不能担此重任；又不能过大，大则夺去宫殿本身的气势。古人运思精微，在此堆筑起突出的万岁山并在山顶建筑不大的亭子（清代所立），不失为非常巧妙地处理。而且，紫禁城也需要一座作为背景的屏障以丰富在宫城中能见到天际线，构成宫城与宫城之外环境的联系。万岁山的出现，恰可完成此任。

清顺治十二年（1655年）将"万岁山"改称"景山"。康熙十九年（1680年）春，康熙帝登景山眺望京师，见晨雾缭绕，霞光流云，大喜之下，赋《御制景山望春》，其中有"云霄千尺倚丹丘，辇下山河一望收"之句。丹丘乃神仙居所，以此比喻景山。

北望北京城中轴线。近处为景山寿皇殿，远处为鼓楼。城市天际线明显可见。

南望北京城中轴线。沐浴在朝阳下的故宫建筑群金碧辉煌。

乾隆十五年（1750年），为了保佑北京城，乾隆帝在山上供了五方佛，把景山改为五指山。一年后，又立了距山下地面62米的万春亭，这里更成为体验全城之壮伟、山川之明媚的最佳驻足点。

景山五峰呈东西并列之势：中峰最高（约49米），两侧诸峰高度依次递减。五峰亭自东向西依次为观妙亭、周赏亭、万春亭、富览亭、辑芳亭。亭中各有1尊佛像，合称五味神。五亭一字排开，强调景山是紫禁城的一道屏障。如乾隆《御制白塔山总记》所言："宫殿屏扆，则曰景山。"

光绪二十六年（1900年），八国联军占领北京，景山亦深受其虐。法军上山后，把守园门，先放俄军后放日军。各殿陈设宝物被洗劫一空。民国十三年（1924年），冯玉祥部占领景

景山万春亭，京城览胜最佳处。

山，架设大炮，驱逐溥仪出宫。此后景山一度荒芜，并时常有军队驻扎。四年后，景山被辟为公园，属故宫博物院管理，修葺后供游人观赏。

自1950年至1955年，景山归军队短暂使用，作为华北军区防空司令部的防空阵地，曾设置雷达、探照灯等。

1955年7月16日，公园重新开放。"文革"期间，全国红卫兵大串联，景山公园改称"红卫兵公园"（北海公园称"工农兵公园"），并从1971年2月21日起关闭，直至1978年3月1日恢复开放。

1978年3月，北京地区航空遥感成果展览会上，曝出一个惊人的消息：景山平面园林图，如同一尊人像，被称为"景山坐像"。这是怎么回事呢？

遥感专家在冲洗遥感卫星拍摄回来的照片时偶然发现，景山的整体建筑格局，酷似一尊闭目盘坐的人像。"他"面带微笑，寿皇殿成为"他"的头部，大殿和宫门组成眼、鼻、口，眉毛由树组成，两边非常对称的三角形树林组成了胡须。

仔细看看这幅图像吧！它的边框由景山公园四周的内外围墙构成，近似于最美的黄金分割比例，它的面积是0.23平方公里。如果真是一幅人像的话，那它将是世界上最大的由人工建筑组成的人像。

景山似一尊神秘的坐佛,位于紫禁城上。

景山坐像的原形是谁?有人一度怀疑"他"与故宫中轴线最北端的钦安殿供奉的玄武帝有关。

然而,经过溥杰先生和他的亲属确认,他们这些当年的皇族对景山是否像一个人不清楚。那是不是造像的人把原本设计的图纸隐藏了呢?可惜的是,这类的依据也没找到。

"景山坐像"引起了科技界和考古界的广泛兴趣。它究竟是古人有意为之还是一种巧合?多年来,专业人员对此作了大量的研究考证,但收获颇微,至今还是一个未解之谜。

1900年，八国联军掠去了五峰亭中的阿閦佛、宝生佛、不空成就佛、阿弥陀佛。万春亭中的毗卢遮那（意即光明普照）佛得以幸免，只是被砍伤了佛臂，但几十年后又在"文革"中遭到彻底破坏。现佛像是1998年复建的。

　　景山公园的主要景点有绮望楼、五峰亭、崇祯自缢处、护国忠义庙、观德殿、永思殿、寿皇殿等。

　　入景山南门可见倚山而建的绮望楼，如同滞留在山间的彩云。楼前宽敞的月台可以表演64人的八佾舞。

　　景山内还有一处有名的所在。没错，就是从绮望楼东行

绮望楼本是祭拜孔子及弟子的场所，也是清代景山官学堂学生祭拜先师的所在。顶部为万春亭。

240米的歪脖槐树，传说是明思宗崇祯皇帝的上吊之处。万岁山上吊死了万岁爷。不知当时为它起名时可曾想到会有这出？清军入关后，为笼络人心，将此槐树称为"罪槐"，并规定清室皇族成员路过此地都要下马步行。

新中国成立后，一度有好事者在树上挂上铁锁链。后人评论此事时说"君王有罪无人问，古槐无过受锁枷"。"文革""大串联"期间，树枝被拆去，树皮被剥光拿去做"纪念品"。1971年，已经基本枯死的老槐树被砍伐。1981年公园管理部门在原址移栽了一棵小槐树，并重写说明牌，介绍这段历史故事。1996年，建国门内北顺城街7号门前一株150多年的古槐又替代了这颗小槐树。

树前立有石碑两通，见证了近百年来风云诡谲的中国历史。

"明思宗殉国处"碑，是1930年沈尹默书写勒石，次年立。碑高2米。该碑1944年被拆除，置于寿皇殿内。1955年寿皇殿筹建北京市少年宫时被截为两块，当作井盖使用。1990年，经过查找，终于在一次施工中发现。经过修复，被立至原处。

"明思宗殉国三百年"碑，是1944年为纪念明思宗殉国三百年，由傅增湘撰文，陈云诰书丹，潘龄皋篆额。时值中国抗日战争时期，该碑文颇具爱国精神。但由于内容对李自成起义军"不敬"，故于1955年8月根据时任北京市副市长吴晗的

石碑两通,提示人们以史为鉴。

批示拆除,原处换为木质说明牌。"文革"期间,该碑被拦腰断为两截,改做公园石桌。2003年7月被景山职工在公园内发现。2004年5月7日复立于原处。

此外,不管您有没有登山,都可以到景山北面的山坡下找到一棵名曰虬龙柏的古树。它的下面埋葬着嘉靖皇帝的爱猫"霜眉"。"霜眉"是只波斯猫,毛色微青,只有双眉晶莹洁白,故得名。

《水曹清暇录》记载,这只小猫很善解人意:皇帝游览时,它每次都在前面做先导;皇帝就寝时,它好像小木桩般一动不动地站岗。所以，嘉靖帝特别宠爱它。它死后，依照旨意，埋在古柏下，并刻碑曰"虬龙冢"以纪念。有位文臣因绞尽脑汁写出了"化狮为龙"（波斯猫又名狮子猫）的"佳句"，马屁拍得皇帝心花怒放，被提拔的速度近于火箭。真是一猫得道，众人沾光。

错节的虬龙柏，肃穆挺拔。

下了山，径直向北，就到了按清朝祖制规定，供奉已故皇帝及其后妃画像的寿皇殿。寿皇殿位于寿皇门正北，也在北京城中轴线上，常年悬挂、供奉着自康熙帝起始的历代皇帝肖像；以康熙的隔间居中，其余皇帝隔间依照昭穆之制在其左右。隔间内除有肖像外，还陈列有神龛、牌位、皇帝生前的小部分服饰、珍宝器玩、玺印和佛塔等物。殿内还置有大龙柜，内贮大批清代帝后妃嫔的各类画像。在清代档案中，皇帝的画像被称为"圣容"，后妃的画像被称为"御容"。

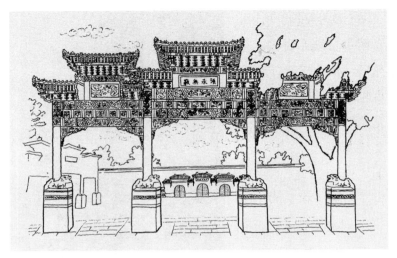

透过寿皇殿的牌楼，可看见琉璃门上的"北京市少年宫"字样。

1900年八国联军进占北京后，法国海军上尉皮埃尔·洛蒂（Pierre Loti）在日记（ *Les dernier jours de Pekin*，《在北京最后的日子》）中留下了让人痛心的记录："1900年10月23日，星期二，北京。当我推开寿皇殿沉重的大门时，里面一片漆黑。在大殿里我打开了一个落满灰尘的箱子，里面放着上百个君王的御玺。它们是用整块的玛瑙、玉石或金子制成的。"后法军占领寿皇殿，并把它作为司令部。几天后，少将司令弗雷率部来此，由日军随军记者小川一真拍下了他与部属在寿皇殿铜鹿旁的合影后，将寿皇殿劫掠一空。

1954年，北京市少年之家主任徐永江和故宫博物院院长吴仲超将寿皇殿拟定为北京市少年宫新址，并获上级批准。1955年6月1日，少年宫正式投入使用。次年1月1日上午9时，500名佩戴红领巾的少年儿童聚集在新少年宫内，副市长吴晗宣布："北京市的少年儿童们，我在这里宣布：今天，我代表市人民政府把这座美丽的少年宫送给你们。从今天起，你们就是这所宫殿的主人。祝你们好好学习，健康成长，准备着建设我们伟大的祖国！"

弹指一甲子。阳光雨露哺育了几代少年儿童在这里茁壮成长。从少年宫里走出了乒乓球冠军庄则栋，围棋名将张文东，机器人专家余达太，我国七颗人造卫星的设计参与者汪纪亮，著名画家王明明、王庸，著名足球教练金志扬，第一个征战欧洲足球五大联赛的中国球员杨晨，北京国安球员周宁，原中国煤矿文工团团长瞿弦和、张筠英，相声演员姜昆、侯耀文、李伟健，歌手蔡国庆、屠洪刚，著名舞蹈家白珊，小影星金铭、谢苗，北京电视台主持人龚洁，演员濮存昕……

北海

从景山西门出来，看见白塔了没有？过了马路，沿陟山门街行不远，就到了北海东门。

每一位曾经在北京度过少年时光的人，大概都会对北海有着难忘的回忆、深厚的感情（彩图四）。曾几何时，

"让我们荡起双桨，

小船儿推开波浪。

海面倒映着美丽的白塔，

四周环绕着绿树红墙。

……"

成为几代人心底永恒的旋律！

"三海"（北海、中海和南海），又称西苑。它由金代太宁宫、元代太液池逐步发展而来，经金、元、明、清历朝不断添建，终成北京皇家园林的集大成者。不仅有旅游功能，三海还兼具水务（调节水量）和气象（改善小气候）的功能。

三海所在地原为金中都东北郊的湖泊"白莲潭"，包括现在的北海和中海。金世宗建"北苑"的同一年，开始在此营建离宫"太宁宫"，以湖泊中央之"琼华岛"为中心，一派水乡风光。金人史学《宫词》有"熏风十里琼华岛，一派歌声唱采莲"之词。岛上堆叠大量玲珑石，据称是金人从北宋汴梁皇家

苑囿"艮岳"移来的。

蒙古人南下时,"全真七子"中的长春子邱处机到此一游,留下了"十顷方池闲御园,森森松柏罩清烟"的诗句。

元代这里成为大都的中心,湖水更名为"太液池"。太液池中三座岛屿呈南北一线布列,沿袭了历代皇家园林"一池三山"的模式:南面岛屿为"犀山台";中部岛屿为"圆坻";北面即改称"万岁山"的琼华岛。

圆坻据马可·波罗称,岛上栽有"北京最美之松树,如白裹松之类"。柯九思诗作"何处蓬莱通弱水,仪天殿在画桥东"。圆坻之中的玉瓮亭还有著名的"渎山大玉海",是座周身雕刻鱼龙海兽出没于惊涛骇浪之中的大瓮,也是中国现存最早的特大型玉雕。由数十名工匠历5年方雕成,重达3 500公斤,相传可储酒30余石,是忽必烈为犒赏三军而制。

万岁山是太液池的中心。元人陶宗仪《辍耕录》描绘:"其山皆叠玲珑石为之,峰峦隐映,松桧隆郁,秀若天成。"

明代开挖南海,进一步扩大了太液池水面,奠定了后世北、中、南三海纵列的格局。所以乾隆时御制《悦心殿漫题》云:"液池只是一湖水,明季相沿三海分。"

由于填平了圆坻与东岸间的水面,圆坻由水中岛屿变为突出于东岸的半岛,并将原来土筑的高台改为包砖的城台,更名为"团城"。又在其中央元代仪天殿旧址建平面圆形的"承光殿"，亦称"圆殿"。又在"南海"中新筑了"南台"岛（清代改称"瀛台"），自此形成三海中各立一岛（北海琼华岛、中海水云榭、南海瀛台）的格局，直至今天。

清代重建承光殿，自承光殿"北望山峰，嶙峋崒嵂。俯瞰池波，荡漾澄澈。而山水之间，千姿万态，莫不呈奇献秀于几窗之前"（《金鳌退食笔记》）。

明弘治三年（1490年），横跨圆坻与北海西岸间的木吊桥改建为大型石桥。《日下旧闻考》引《戴司成集》描述道："太液池中驾长桥，两端立二坊，西曰金鳌，东曰玉蝀。天气清明，日光溰漾，清澈可爱。"1950年，金鳌玉蝀桥和牌楼被改造及拆除，成为现在的北海大桥。

清顺治八年（1651年），拆毁了团城之上的广寒殿，改建为藏传佛教寺庙"白塔寺"（乾隆年间更名为永安寺）。新建成的白塔顶部距城市地平面67米，成为清代北京城的最高点。乾隆时期进一步大力经营白塔的东、西、北三面景观，使琼华岛四面呈现出各不相同的全新气象。乾隆专门撰有一篇《塔山四面记》，记述白塔山的种种妙境。

琼华岛美，尤以春景为最。"琼华春阴"是著名的"燕京八景"之一。

北海的周边，被团城、琼华岛、濠濮间、先蚕坛、静心斋、西天梵境、阐福寺、五龙亭、小西天等景点环绕。如果将景山公园比作精致的盆景，北海公园则如镶满一粒粒珍珠的碧绿翡翠。

您先到北海南岸游览团城和琼华岛。团城上有承光殿、玉瓮。琼华岛上有永安寺、善因殿、白塔、悦心殿、庆霄楼、琼华古洞、阅古楼等。

都逛完了，再到北海东岸。从濠濮间进入画舫斋。它布局紧凑，建筑精巧，雕梁画栋，隐藏于土石山林之中是建于乾隆二十二年（1757年）的行宫，又称水殿。这是一座以方形水池为中心，朱廊四匝的幽静庭院。主体建筑坐北朝南，东西为"镜香"、"观妙"二室。北为画舫斋，西北角院落为小玲珑，南为春雨淋塘殿，东北为古柯庭、奥旷室和得性轩等。其中"画舫斋"三字出自乾隆的手迹。慈禧常至此游幸与传膳。门前一带曾是皇室们练习弓箭的地方。

1950年5月22日，北平市都市计划委员会在这里成立。它是现在北京市规划委员会的前身之一。

历史上，春寒料峭的北京，皇后带领一众嫔妃和宗王夫人前往北海北岸东北角的先蚕坛采桑。古人云：天子亲耕于南郊以供粢（古代谷类的总称）、皇后亲蚕于北郊以供纯服。这就是北京城北有先蚕坛，南有先农坛的原因。先蚕坛的前身是明代嘉靖皇帝建造的道教神殿雷霆洪应殿。原康熙皇帝在丰泽园（今南海）附近设置蚕坛，雍正将蚕坛移至北郊城外。因路远，皇后亲蚕不便，加之那里水源缺乏浴蚕困难，因此乾隆又将蚕坛移至这里。是北京的九坛八庙之一，现为北海幼儿园所在地。

先蚕是清皇后主持的最高国家祭典。祭祀人和被祭祀人都是女性，这在古代社会中是极为罕见的。

先蚕礼属清代中祀中的重要祀礼，每年农历三月举行。清代以嫘祖（养蚕缫丝的始祖）为祭祀主神，每年春季待蚕宝宝出生后，皇后要到蚕坛举行"躬桑礼"；蚕茧作成之日，皇后再到蚕坛举行"献茧缫丝礼"。

采桑时，皇后用金钩、嫔妃用银钩、其他人用铁钩，等级越高的人装备越牛。在视察台下举行仪式后，西面首行第一株为皇后采桑位，其余按等级大小类推。桑叶放于筐中，礼毕，蚕妇将桑叶送到桑室。

先蚕坛建筑宏伟，构造精美，绿瓦红墙，色彩艳丽。内有观桑台、亲蚕殿、后殿、先蚕神殿、神橱、蚕署、井亭、牲亭、蚕所、游廊、桑园等。现院内种有多株桑树。东面"浴蚕河"，是元代由金水河引入北海东边的一支水系。主殿亲蚕殿内悬挂乾隆御笔的匾额："葛覃遗意"，并有对联："视履六宫基化本，授衣万国佐皇猷"。

男耕女织是中华民族的古老习俗。只是，"遍身罗绮者，不是养蚕人"。

沿北岸西行，直抵"园中之园"——静心斋。静心斋原名镜清斋，创建于乾隆二十二年（1757年），原是皇太子的书斋，也是皇帝和后妃前往西天梵境烧香拜佛后休息的行宫。

静心斋自建成之日起便秘不示人。1900年八国联军攻入北京城后，日本侵略军的司令部就设在静心斋，斋内的珍宝、古玩陈设遭受抢掠和破坏。民国二年（1913年）夏，民国总理、外交部部长陆徵祥携家眷移居于此并写下了《北海静心斋记》。此后，这里归外交部管理，作为接见、宴请外宾之所。1925年北海公园向公众开放，静心斋却不在开放之列。

1941年7月，中国留日同学会进驻静心斋，将原在斋内办公的北海公园委员会挤至画舫斋。1943年，东亚联盟约刊社也进驻静心斋。1945年，日本侵略战争穷途末路，军火吃紧，侵略者在北平强制推行"献纳铜品运动"，静心斋的3个铜炉、1个铜缸被当作"铜品"掠去。

1949年后，静心斋作为国务院参事室和中央文史研究馆的办公地。直到1982年5月中旬，才正式向世人开放。1984年，在英国利物浦国际园林节上，以斋内枕峦亭和沁泉廊仿制品为主景的"燕秀园"大受赞赏，并获得了"最佳亭子"和"最佳艺术造型永久保留奖"。

　　入静心斋大门，首先映入眼帘的是前廊后轩的"静清斋"。它的前后各有一方清澈、透明的碧池，像镜子一样辉映着这组建筑。乾隆帝有诗云"临池构屋如临镜"——"镜清斋"故此得名。斋内悬匾"不为物先"不过是乾隆帝的一句"自谦"罢了。

　　乾隆爷将这座园林起名为镜清斋，是为了向世人表示要作有道明君，时时检讨自己的行为。不过慈禧并不买账。因为她作为太后干预朝政毕竟是名不正言不顺的，于是她将镜清斋改名为静心斋，以求安心。

北海静心斋，有"乾隆小花园"之称。在水景的布局上，以化整为散的手法把水池分成若干个，以水流的动感衬托园内的静感。

乾隆皇帝不是死在任上的，而是"知老让位"的。传说他决定让出皇位给太子时，一位老臣不无惋惜地劝谏道："国不可一日无君呵！"一生好品茶的乾隆端起了御案上的一杯茶回应，"君不可一日无茶呵。"这句幽默玩笑之语，虽然没有"事了拂衣去，深藏功与名"的侠骨高风，不过我看和"做人呢，最重要的就是开心"这句300年后，TVB最著名的台词是一个意思。

再回到300年前，乾隆爷的回答的第二个意思是：老子喜欢喝茶。他晚年退位后仍嗜茶如命，斋内专设的"焙茶坞"，就是供其悠闲品茶的地方。

静心斋东有座"抱素书屋"，出自道教"抱素守一、见素抱朴、少私寡欲"之义。乾隆皇帝曾用"书斋沿抱素，潇潇得天然"的诗句赞美此屋。

抱素书屋是乾隆皇帝和皇子颙琰（嘉庆皇帝）读书的地方。颙琰性格内向，做事稳重，平日读书勤奋。他的老师是著名的清官王杰。乾隆朝和珅把持朝政，众人敢怒不敢言，唯有王杰从不妥协，经常与和珅在朝堂上争得面红耳赤。

王杰作为皇子的老师相当严厉。相传皇子不用功，王杰也敢罚跪罚站。有一次，乾隆碰见皇子被罚跪，即令站起，并说"教者天子，不教者天子，君君臣臣乎！"王杰见状答道："教者尧舜，不教者桀纣，为师之道乎！"乾隆叹服，令皇子复跪。"可知今日怜才意，即是当时种树心"。嘉庆亲政的第6天，就扳倒了老师的对头和大人。

1964年，末代皇帝溥仪在抱素书屋写了著名的《我的前半生》。

静心斋还发生过一件中国铁路史上的重要事件。

清朝末年，静心斋的门前，曾经是北京第一条官办铁路——紫光阁铁路的终点站。这条铁路虽然只有短短2公里，但它从此谱写了中国铁路的历史。

光绪十年（1884年），洋务派代表人物李鸿章和光绪帝生父醇亲王奕譞走上层路线，给慈禧太后做了大量的工作，使得原本对修建铁路坚决反对的清政府态度有所缓和。李鸿章立即向法国新盛公司购买了一辆丹特机车头以及六节车身，同时开始铺设一条纵贯西苑的紫光阁铁路。

铁路南起中海瀛秀门（居仁堂宝华门外），一路向北经紫光阁、中海北门（福华门），穿入北海西南门（阳泽门）后，沿北海西岸向北直至极乐世界，再折而向东，终点设在静心斋。

铁路的设计非常人性化。福华门、阳泽门之间有一条贯穿东西的交通要道，所以设计者采用了"活安铁路"的方法。即当火车要通过时在地面安装铁轨，不用时再拆除。此办法虽然麻烦，但便于东西来往，颇得宫人的赞赏。

铁路建成后，慈禧太后经常乘坐黄绸座车，在手执黄缎幡旗的太监的引导下往返于仪銮殿和静心斋之间。静心斋是老佛爷用餐的主要场所，因而这条小铁路成为老人家名副其实的就餐专线。

假如你有幸穿越到了100多年前的北海，到了饭点儿应该是这样一幅场景："呜！哐当～哐当。""各位接送站的宫女们请注意了，由瀛秀门开往静心斋的夕阳红专列就要发车了。"然后便是太后吃着火锅唱着歌，带着太监坐火车。

在获得老佛爷的欢心之后，铁路业在中国迅速发展起来了。

1900年，八国联军入侵北京，这段铁路被毁。令人欣慰的是，北海公园管理处表示，拟依原样重建紫光阁小铁路。希望不久的将来，这班慈禧用餐专列能原貌再现于世人面前。

经过西天梵境和九龙壁，就到了快雪堂。这段旅程中绿草茵茵，小猫不断。

乾隆四十四年（1779年），乾隆得到元代大书法家赵孟頫临晋王羲之的《快雪时晴帖》石刻，喜不自胜，专建了金丝楠木的院落，名"快雪堂"，以收藏之。堂院中长长的游廊上，嵌满上集晋、唐，下集宋、元，历代书法名家如颜真卿、米芾、黄庭坚、赵孟頫等人的真迹石刻48方。

堂内，有块高约5米的太湖石。乾隆帝命名之"云起"

已成为书法博物馆的快雪堂，悬额为溥杰先生的题字。

石，出自"行到水穷处，坐看云起时"之句。快雪堂内，还留有一段林徽因、梁思成、徐志摩的情感往事。

1921年，林长民带着女儿林徽因回国，住在北海东门外的雪池胡同（详见第九章，雪池胡同）。这时林徽因已与梁思成相识。梁才华横溢、幽默风趣，两人逐渐坠入了爱河。当时梁启超是松坡图书馆的馆长。松坡图书馆是为了纪念革命家蔡锷，于1923年11月4日，时任民国大总统的黎元洪下令建立的。有两处院子，一处在西单的石虎胡同，一处在北海公园的快雪堂。

松坡图书馆星期天不开放。梁思成有一把钥匙可以自由出入，于是星期天便约了林徽因来此相聚。但就在此时，徐志摩从英国回国，对林展开了攻势。为此，1923年，梁启超给徐志摩写了一封信，告诫他不可将自己的快乐建筑在别人的痛苦之上，爱情是可遇不可求的，建议他放弃。

徐志摩在回信中写下了著名的词句："我将于茫茫人海中访我唯一灵魂之伴侣，得之，我幸；不得，我命，如此而已。"他到快雪堂来找林徽因。起初，梁思成热情相待，但来的多了，梁思成自然不愿意了。于是他在门口贴了张纸条"Lover want to be left alone.（勿扰情人）"徐志摩看到纸条，自知不好意思，便不再常来。

经过元代的铁影壁，就到了明代的五龙亭和清代的阐福寺。这段旅程应该不寂寞，和刚才形成了鲜明的对比。因为五龙亭内经常有好几支民间合唱团在活动，唱得响亮。

阐福寺是明代太素殿、先蚕坛的旧址，其规制仿河北正定隆兴寺。1900年八国联军侵华时，正殿大佛身上的珍宝被日法俄军盗抢一空。1919年由袁世凯卫队改编的消防队，做饭时引起火灾，消防队自己也救不了火，大殿化为灰烬。

再到北海西岸看过小西天和万佛楼石碑后，您就可以悠闲地步出南门了。

阐福寺的天王殿，与五龙亭形成南北中轴线。

中海

出北海南门，隔北海大桥相望的，便是中海了。

1900年八国联军入侵北京，中南海成为俄军驻地，其内文物陈设被掠一空。1929年中南海被辟为公园。此后又先后被用作北洋政府的总统和总理办公地，以及张作霖的"帅府"。国民政府迁都南京后，中南海又作为公园对民众开放。1949年以后成为党中央和国务院所在地。

怀仁堂位于中海西门内，为仪銮殿旧址。仪銮殿于光绪年间耗时六年建成，之后慈禧太后迁入居住并在此召见大臣并处理政务。"戊戌政变"后，她把光绪皇帝囚禁于南海瀛台，自己就在这里亲自训政，使得仪銮殿取代了紫禁城成为实际意义上的政治中心。

大Boss八国联军总司令瓦德西在此居住期间不慎失火，将殿烧毁。慈禧太后便在旧址修建新仪鸾殿，后改名佛照楼，袁世凯称帝前改名怀仁堂，用于办公。1956年毛泽东在此召开国务会议，首次提出"百花齐放，百家争鸣"的双百方针。

摄政王府位于中海西北角，原位于西苑墙外。这里在元朝时为隆福宫。洪武十二年（1379年），明初诸王府中规模最大的燕王府在此修缮完成。在这座宏大的府邸中，朱棣密谋策划，打着"清君侧"、"诛奸臣"的旗号从侄子建文帝手中夺得政权，登上了皇位。

后来燕王府被改为西宫，又名永寿宫（万寿宫），后来嘉靖皇帝曾长期住在这里不理朝政。不思进取也就罢了，破坏祖宗的文物就有点说不过去了。嘉靖四十年（1561年）十一月二十五日，皇帝与新宠的尚美人在永寿宫中寻欢作乐，竟然在貂皮帐幕中燃放烟花，结果玩大了失火导致整座宫殿都被烧毁。因为虐待宫女曾经险遭宫女谋杀的嘉靖不愿返回皇宫，只得移驾现位于西安门大街路北的玉熙宫暂住。

清康熙年间，这里名为蚕池口，建有天主教老北堂。光绪十一年（1885年）扩建西苑时将此地圈入中南海，而将老北堂迁往西什库（详见第七章，西什库教堂）。

慈禧太后拟在此建新园林"集灵囿"，但一直未开工。1909年，溥仪继承皇位，他的父亲醇亲王载沣成了摄政王。原后海北河沿的醇亲王府出了皇帝成了潜龙邸，不能再住，按例要腾空。隆裕皇太后破例恩准在集灵囿新建一座摄政王府。

载沣为出入方便，拆除了王府西边的一片民房，开辟了一条新路，与灵境胡同相连，这就是现在府右街的前身。王府规制同旧醇王府相似，工程耗银206万两。但府未建成，辛亥革命就爆发，宣统被迫退位。

1949年后这里被改为国务院办公区，上世纪70年代末曾计划将摄政王府落架大修，但发现清代豆腐渣工程害人不浅，地基松散，木柱间裂缝用碎砖填充，已无法保留，只得拆除。

紫光阁位于中海西北岸。明代时这里是宫中跑马射箭的"射苑"，中有"平台"高数丈，是皇帝观赏骑射之处。

明世宗时废台，修建紫光阁，每年端午节皇帝老儿于阁前观赏龙舟戏水等活动。到了冬天，这里还举办滑冰表演。宫中训练有素的滑冰高手列队，在冰面上划出"S"形轨迹，给中海增添了几分灵动。

清康熙时重修，成为皇帝检阅侍卫比武的地方。乾隆二十五年（1760年）和四十年（1775年）两次增建，悬挂功臣图像及各次战役图，并陈列缴获的武器。同治十二年（1873年）六月初五，皇帝在此接见了日、俄、美、法、荷、英六国使臣并接受了他们递交的国书，这是清朝政府第一次正式接见外国使臣。1949年后改建为国事活动场所。

万善殿位于中海东岸，明代名椒园、焦园。明代各朝皇帝的实录修成后，都在此焚烧草木。清顺治时改为现名，殿额写"普度慈航"，殿内供奉三世佛像。万善殿殿后有千圣殿，上为圆顶，殿内供奉七层千佛塔。传说顺治帝体弱多病，加之国事缠身，遂信佛成迷，有了出家为僧的念头，后经孝庄皇太后劝阻未成，不过民间也就有了顺治帝五台山出家的传说。万善殿是顺治为他钦佩的名僧所建。

水云榭位于万善殿以西，是居于水上的凉亭。由榭内观望四周的风景，视野宽广，云水和亭台楼榭遥相辉映。亭内石碑上镌刻着乾隆帝的手书"太液秋风"——著名的燕京八景之一。

康熙皇帝题额的勤政殿曾经是中南海的正殿，位于中海与南海之间的堤岸上，坐北朝南，正门德昌门即南海的北门。戊戌变法时，光绪皇帝在这里办公，处理有关变法改良的国家大事。

南海

明代南海为三海中最僻静幽深、富于田园风光之所。

中南海风光。

丰泽园在瀛台之西北，原为康熙时建造的蚕坛。雍正年间蚕坛搬走后，皇帝在此举行亲耕礼之前的演礼。园内主体建筑为惇叙殿，光绪年间改名为颐年殿，民国时改名颐年堂，袁世凯曾在此办公。1949年后改为会议场所，为毛泽东特供的雪茄"颐年世纪"即由此得名。颐年堂东为毛泽东的居住地菊香书屋。

园西有荷风蕙露亭、崇雅殿、静憩轩、怀远斋和纯一斋。荷风蕙露亭北为静谷，是个自成一体的园中之园，主要建筑有长廊、春藕斋和桂秀轩。

瀛台岛明时称"南台"，南台一带林木茂盛，沙鸥水禽如在镜中，宛如村舍田野。

康熙帝以南海作为日常处理政务、接见官僚、御前进讲以及耕作御田之所，于是大加营建，并聘请江南著名叠石匠师张然主持叠山。改建后的南台改名"瀛台"。不过"瀛台"的出名，恐怕还是因为当过监狱。"戊戌变法"失败后，慈禧太后在这里囚禁光绪帝。袁世凯称帝后亦曾将副总统黎元洪软禁于此。

瀛台岛北有石桥与岸上相连，桥南为仁曜门，门南为翔鸾阁。翔鸾阁建于康熙年间，是瀛台的正门。再南为涵元门，内为瀛台主体建筑涵元殿。

由于岛上存在坡度，该殿北立面为单层建筑，南面则为两层楼阁，称"蓬莱阁"。涵元殿在康乾时，是皇帝宴请王公宗室和大臣权贵之处。它的热闹风光随光绪皇帝死于此处而消逝。殿北有配殿两座，东为庆云殿，西为景星殿；殿南两侧，东为藻韵楼，西为绮思楼。

藻韵楼之东南为补桐书屋，北屋名随安室。康熙年间，身为贝勒的乾隆就在这里读书。当时院中有两株老桐树，其中一株因病枯死，后又补种一株。枯死之树被制成四琴存在屋中。随安室之名，即取随遇而安之意。东北为待月轩和镜光亭。绮思楼向西为长春书屋，周围有长廊，名为"八音克谐"，及"怀抱爽"亭。

淑清院位于南海东北角，为乾隆时修建的小型园林，风格类似北海的静心斋。内有"流水音"亭、葆光室、蓬瀛在望殿、云绘楼、清音阁、日知阁、万字廊、双环万寿亭等建筑。1949年后将双环万寿亭移至天坛公园。

新华门原为宝月楼，建于乾隆二十三年（1758年），乾隆还为上下各有三间房的宝月楼题写了"仰视俯察"的匾额。

相传宝月楼是乾隆为讨得香妃的欢心而建。证明就是他作的《宝月楼诗》："冬冰俯北沼，春阁出南城。宝月昔时记，韶年今日迎。屏文新莆禄，镜影大光明。鳞次居回部，安西系远情。"

　　相传香妃本是新疆维族和卓氏女，入宫后思念家乡终日闷闷不乐。乾隆不仅建了宝月楼，还在楼对面建了回回营、清真寺和回人生活的街市，使得香妃登楼就可见到家乡景色。后来皇太后得知此事，暗中缢死了香妃。这段传说虚构的成分居多，尽管如此，后人还是衍生出了一些诸如《书剑恩仇录》之类的故事。

　　"新华门"牌匾为晚清翰林、江苏武进人袁励准所书。当时给其润笔银元五百大洋。此人在"戊戌变法"时曾暗助康有为出逃。

　　综观三海：南北纵列如银河倒挂，北海壮美、中海疏朗、南海华丽而不失幽雅，各尽其妙又一气呵成。与东面左祖右社、紫禁城和景山形成的中轴线建筑群一刚一柔，互为因借又互相衬托，实为整个北京城设计的精髓所在。

六

寻旧访踪河与桥

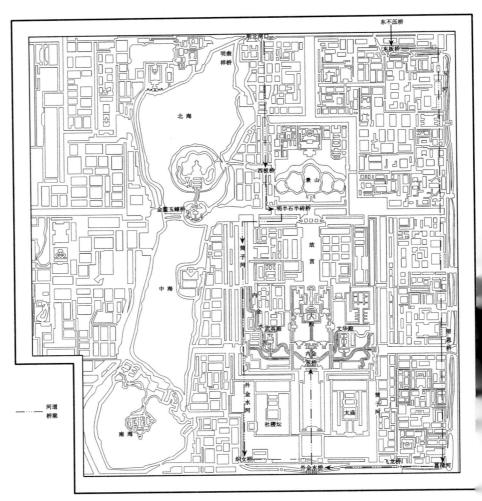

皇城内的河道与桥梁。

如果说水是生命的源泉，那么皇城中形形色色的河湖池海则是城市中流动的血液。流动的水系不仅解决了人们的日常所需，那流淌的历史、逝去的风情，也在潺动中传承着古老的文脉。

流水的存在，使皇城鲜活起来；流水的存在，使皇城更有人情味。流水同城门一样，沟通起皇城之内与外；但与城门的威严冷峻不同的是，流水要柔美灵动的多。

金水河

元至元十一年至十五年（1274—1278年），朝廷开凿了从玉泉山通往大都的人工渠道，将西山的玉泉水引入皇城，专供饮用和园林用水。这条官渠称为金水河。

金水河由和义门南水关（今西直门南约120米处）入城，折而南流。至西南角（今甘石桥附近）水分两支，其一傍皇城西墙往北流，绕西北城角外东行，过长桥（今厂桥），在先蚕坛处（今北海幼儿园）南折，注入太液池。另一支正东直入皇城，经隆福宫前（今日中海），注入太液池。金水河的下游东出太液池后，经宫城正门崇天门处向东，汇入通惠河。

当时这条河属于皇家专用，因此，元政府特别颁布了法令以保护渠水的清洁。据《都水监纪事》云："金水入大内，敢有浴者、浣衣者，弃土石瓴甋其中，驱马牛往饮者，皆执而笞之。"还下令禁止在玉泉山"樵采渔弋"以涵养水源。

时光流回到700多年后的北京，为保障给首都供水的南水北调工程之建设和养护，实施了《北京市南水北调工程保护办法》对水源和水渠进行保护。所不同的是，元代保护水是为帝王享用，现在保护水是为人民服务。

明初，金水河上游断流，原河道中自西直门南水关到今柳巷的一段，以及从后泥洼（今太平街东前、后泥洼胡同）折东，东西斜街以下的部分便逐渐湮没了。

同时，金水河废弃后，玉泉山水汇入瓮山泊，由白浮下游旧道入德胜门水关，至什刹海，一支经西步粮桥流注三海，一支经后门桥流向通惠河。这样，元代的宫苑给水，到了明代与城郊运河同出一源，合为一流，日后相沿，一直到今。

明清时期的内金水河源出北海北闸口，经北海东夹道与内官监（今恭俭胡同）之间南下。内官监的南口原有一座白石桥，称为西板桥。河水由此南下，到了位于今景山前街西口的北上西门外，从鸳鸯桥（半石半砖桥）下注入筒子河。部分筒子河水从紫禁城靠近西北角楼城墙根下面的进水闸进入紫禁城成为内金水河。

外金水河来源于西苑中的南海流水音亭。河水东出南海后，来到今日的中山公园西墙外，折而向南。经过东河沿（今织女桥东河沿）南端的织女桥，再折东经过中山公园南门外的西公生桥、天安门前金水桥、劳动人民文化宫南门外的东公生桥，经菖蒲河，最终汇入玉河。

玉河

玉河的前身为元代郭守敬修筑的通惠河，明称玉河，清多称御河。能为"御"者，可想其身份。

玉河从东不压桥胡同穿过地安门东大街，到达东板桥胡同。河水第一次转弯向东，抵北河胡同，北河胡同也是昔日河道。河水又东，在水簸箕胡同一带第二次转弯向南。所谓水簸箕，是说这里地势低洼，容易存水。

玉河由此一路南下，直抵长安街。这一段以前称为东安门河沿，后来又以东安门为界分为南、北河沿。明永乐年间展拓南皇城后，这段河道就不再通航了。宣德年间又把东皇城墙从玉河西岸移到了东岸，更将这段河道划入了皇家禁地，百姓从此不得涉足。直到民国，南河沿改成马路，并且在皇城南墙上开了南池子的豁口，这才重新对民众开放。

顺北河沿南下，第一个地名是沙滩。它的形成应早于元大都建设之前，只不过原来地名的范围要比后来大得多。"沙滩"的名字貌似很土，但其由来众说纷纭。

著名民俗学家、"北京通"金受申先生1962年在香港《大公报》发表的《北京沙滩变迁记》中说："北京沙滩，实际没沙没滩，只是为了形容它的荒僻才叫沙滩。"

中国文联出版社2001年3月出版的《北京地名词典》一书中写道："此地原为永定河故道，当年河床宽阔，永定河改道后在原故道上留下一连串的沙滩，因此得名。"

2007年4月北京出版社出版的《北京胡同志》另有一说："据传，此地挖护城河时，流沙不止，后砌墙乃住，故得名沙滩。"

再有一说是，沙滩原先的黄土被运到太庙种柏树去了，而换来了太庙中的沙土而得名。

还有一种较为简单的说法是这里紧邻河岸，堆着专门为修缮皇宫而备的沙石之类建筑材料，让宫里当差人依物相称而成了地名。

另有些史料表明，"沙滩"得名实与漕运有关。元代通惠河的漕运为了调节因地势形成的水势落差、流速、水量，建有水闸。由于河中有闸，水的流速必然减慢，闸的上游年复一年就容易囤积沙土，所以有的学者认为"沙滩"的地名应该由此而来。证据之一就是今日公安医院以南的银闸胡同东口外便有1座水闸。清代《宸垣识略》中说："骑河桥北有石础堵水中，开二尺许，当即银闸也。"《京津风土丛书》载"御河，有白银铸水闸一座，上镌有'银闸'二字"，这也是今天银闸胡同的来历。

　　银闸胡同除了拦水外，还留人。1923年，沈从文第一次来北京时，就住在胡同中一间储煤间改成的潮湿小房中。当时已名满文坛的郁达夫去那里看望了这个几乎濒临绝境的北漂小青年后，立即写成了那篇著名的《给一个文学青年的公开状》。从此，沈从文走上了文坛，并逐步成为世界级的大师。多年之后，沈从文说，"一个人只要有坚定的信仰，各种生活的困难就不足为虑了"。张中行与杨沫在胡同的26号也居住了五年。一条普通的胡同里能入住有三位在现代文学史上有着重要地位的大作家，实可赞矣。

　　辛亥革命后，在沙滩正东的皇城墙上开辟了一座小门，叫做"沙滩豁子"。在正对小门的玉河上架了一座小石桥，供皇城里外的居民往来。

民国初年，玉河周边的景致还是很美的。刘半农先生1929年在《北大河》中描述：

> 你若要在北平城里，看到带有民间色彩的，带有江南风趣的水，就只有三院（指北京大学）前面的那条河……在十年前，只隆冬河水结冰时，有点乌烟瘴气，其余春夏秋三季，河水永远是满的，亮晶晶的，反映岸上人物草木房屋，觉得分外玲珑，分外明净。两岸的杨柳，别说是春天的青春的芽，夏天的浓条密缕，便是秋天的憔悴的枯枝，也总饱含着诗意。

随着皇城墙在1924年被全部拆除，两岸像鱼鳞般的住宅不断增多，这条河的命运也江河日下。到20世纪30年代后，水量逐渐减少，蚊虫逐渐增多，最后沦为排泄污水的水沟。

银闸以南有骑河楼街。所谓骑河楼，指的是楼阁式的桥梁。这座桥建于明代，桥东横跨玉河，街因以得名。在乾隆《京城全图》中记有这座桥的大致式样和街的名称。到了清末，桥已久废，只剩街名了。

近百年前，骑河楼街还记录了这样一段故事。民国四年（1915年）3月，受俄国文豪托尔斯泰"泛劳动主义"和日本武者小路"新村主义"的影响，王光启在北京发起成立了"工读互助团"。团章引用古代击壤歌"日出而作，日入而息，凿井而饮，耕田而食"，主张人人劳动，共同消费。他们半天劳动，半天学习研究，星期日休息。当时团里男女青年相聚，自然少不了罗曼蒂克的故事。

互助团分三组，第一组便住在骑河楼。主要经营食堂、放映电影、清洗衣服。不过梦想没有照进现实，托翁的名言倒是印证了现实："幸福的家庭是相似的，不幸的家庭各有各的不幸。"

开业不久，食堂就因为人多事少，入不敷出，连日亏损；放电影则因无钱租到好片，只在几所大学放映，观者寥寥；洗衣服规定每人每日洗60件，实际上收不到这么多活，最后只好洗自己的衣服，难有收入。互助团过分强调个人独立，认为"家庭是万恶之源"，不久陷入困境，2周后便宣布解散。骑河，骑河，何其美好！

骑河楼街西路北面有条草垛胡同，这里也有段不应忘却的记忆。胡同的12、13号是当年臭名昭著的华北劳工协会旧址。1941年7月，伪华北政务委员会举行了华北劳工协会的成立大会，总部就设在草垛胡同12号。该组织由日本军部与政府直接策划与操纵，是1941年后日本对华北境内劳工实施强征供给、强掳输出暴行的直接执行者，是华北劳工的集中营、转运站，是虐待、残害华北劳工的直接罪魁。仅北平就掳掠劳工3 700余人。随着日本侵略者的惨败，历时4年的华北劳工协会也寿终正寝。

现在人们知道骑河楼街，主要是因为著名妇产科专家林巧稚任首任院长的北京妇产医院就位于骑河楼街17号。

玉河之上，为了行人方便，明代先后兴建了八座石板桥和四座石拱桥（东安门内的望恩桥也是其一，详见第三章，东安门）。到清初，又建了一座五孔石板梁桥。后因水位降低，河床亦随之逐渐变窄，于是将明代的八座石板桥和清代的五孔石板梁桥改建成三孔桥，又新建一座三孔石板梁桥和一座石拱桥——鞍子桥。

1956年实施玉河排水干线（望恩桥至北皇城根）及支线（北箭亭胡同南口迤西）工程，将此段玉河上的桥梁全部拆除。玉河彻底成为一条人见人嫌的臭水沟。后来北河沿也改为暗道，这段玉河从此成为通衢大道。

从风景如画的河道到藏污纳垢的臭水沟到宽阔畅通的马路，这就是玉河兴衰消亡的历史。从元至元二十年（1283年）算起，到1956年，玉河寿命为673岁。

玉河河水自皇恩桥再南，抵南湾子胡同。这里乾隆时称湾子胡同，宣统时称南湾子。1949年称南湾子胡同。1956年整顿地名时，将胡同北拐西折的一段划出称北湾子胡同，将胡同南侧的小井胡同、官豆腐房胡同并入。

南湾子胡同1号（当时的13号）是清末"九门提督"江朝宗的住宅。1937年北平沦陷期间，他按日本侵略者的要求，在住宅中召集了十几位所谓的北平名流和前清遗老共同谋划，成立了汉奸组织——北平治安维持会，江任会长。8月19日，他又任伪北平市市长，在日寇的羽翼下开始了汉奸生涯。1943年9月21日，北平各大报刊均以赫然篇幅刊登了江朝宗去世的消息。

江宅在抗战胜利后，作为敌逆财产被政府清理查抄。新中国成立后，北京市房管局、北京市国土局、《北京房地产》杂志编辑部先后在此办公。现在，它是"北京香江戴斯酒店"。

河水又南，便出了皇城。明初，玉河放弃了通惠河故道，沿着一条新开辟的河道笔直向南，穿过正阳门东水关，进入内城南护城河。在这段河道上，岸边高柳垂荫，葱郁可观。"御河新柳暗如烟，万缕长条碧可怜"，作为当年京师一景。"御河新柳"常为诗人题咏。

崇祯二年（1629年），后金（清）大军攻进长城，京师戒严，"守城官军御寒无具，尽砍为薪，仅存翰院墙东一带矣"。

这段当年的河道就是如今的正义路。玉河在此设桥三座。靠近东长安街处为北御河桥，东交民巷处为中御河桥，前门东大街处为南御河桥。

清代后期，这段玉河被划入了外国使馆界。1901年改为暗沟后，成为六国饭店的停车场。

1924年刚通有轨电车时，此地曾有"御河桥"一站。次年开始实施玉河南段（城墙水关至御河桥）明渠改暗沟工程。两年后，由营造局市政公所将南桥拆除，中桥主体埋于地下（这也就是如今这里有一处小上下坡路的原因）。同年，又改交民巷至长安街一段的玉河为暗沟，路面中间辟为绿化隔离带，仍以原来的东西河沿为通道。

到了上世纪30年代，南河沿南段改为暗沟后，北御河桥也被拆改为马路。抗战胜利后，命名御河桥东侧路为兴国路，西侧路为正义路。新中国成立后，两侧统一命名为正义路。

化身为南、北河沿大街的玉河故道，是许多人心中的百草园。《北京晚报》曾刊过的《东皇城根旧忆》描述上世纪五六十年代，"河床与城根（东皇城墙）那时还有荒凉的空白，长着芦苇野草，很耐看，还有蜻蜓、呱嗒扁儿（螳螂）

和蛐蛐儿。尤其在三伏天的瓢泼大雨后，原来御（玉）河留下的滑溜斜坡与皇城根中间部位会出现不少冒着泡的小洞，找根小树枝儿捅进去，感觉着里面突然一沉，飞快地拉出来——一只张牙舞爪的螃蟹就拽上来啦！当然啦，为我的调皮和贼大胆，也没少挨老爹的拳脚。北京城里能抓到螃蟹，现在的人肯定觉得不可思议"。

40年后，人们也挖出了东西，不过不是螃蟹，而是它的升级版——水兽。1998年4月3日上午，正在平安大街施工的工人挖到带云龙浮雕的基石和城砖筑的河堤。4月19日，闻讯"东吉祥胡同北口挖出文物"消息的考古人员赶到了现场，在玉河遗址中清理出了水兽（现存北京石刻艺术博物馆）。

再回到玉河的北端。在考古工作者手铲的挥舞下，平安大街以北的元、明、清代的玉河堤岸及其河道（彩图五），东不压桥及澄清中闸、便桥、玉河庵、码头及排水道等重要遗迹又重见天日，出土了玉河庵碑等文物。

古河道重现后，注入水源并开辟为公园。碧波荡漾仿佛把人带回花红柳绿，有小秦淮之称的元代通惠河，这里也成为平安大街的新坐标。周边原本破落的民居焕然一新，居民的生活环境得到了极大的改善。

经过整治的玉河，开放为遗址公园，成为平安大街一处新的旅游景点。

走在清流之旁，让人感到历史重现，只不过，当年的运粮船变成了现如今的小游舟。

东不压桥

玉河从后门桥（万宁桥）进入皇城前，首先穿过的是地安门东大街的东不压桥。

东不压桥是一座东西向的石桥，一说桥本名步量桥。意指在设计中桥身被皇城墙占去一半，桥身之窄，可用步量。但实际上皇城北墙没有压在桥上，只是擦桥而过，因此步量桥又成了东不压桥。

还有一说称布粮桥，据传此地曾为交易布匹、粮食的集市，故得名。但明代中叶的《京师五城坊巷胡同集》中又称其为步粮桥。民国后又改为不压桥，意思是说皇城墙拆除，石桥如释重负。

东不压桥建于永乐十八年（1420年）。据说，桥下的水中，鱼曾经多到附近的居民以打鱼为生。不打鱼时，将小船泊在城墙边上，渔网就挂在东北皇城把角儿的一片柳树林上。此景若仍在，何必下江南！

民国十七年（1928年）拆除地安门以东皇城墙时，只拆去城墙水关中的铁棂，在城墙及其以北位置，扩建北皇城根路。由于东不压桥在皇城根路以北，在桥南面建成一座石板涵洞与水关相接。

1955年河道改暗沟时桥上部被拆除，但留下桥拱埋入地下。1998年修平安大街时，重新挖了出来，不久又回埋。

平安大街北的东不压桥胡同因桥得名。在乾隆年间叫马尾胡同，清末改称马尾巴斜街，1947年改称东不压桥东胡同。20世纪50年代，河道改为暗沟辟成胡同，原河道的南北向段称为东不压桥胡同，原河道东西方向通后门桥的一段改属拐棒胡同。东不压桥胡同28号是"中国铁路之父"詹天佑后人的旧居。《儿女英雄传》的作者文康据说也住在这条胡同。但随着玉河工程的进行，这条胡同基本消失了。

东板桥

原来的东板桥是一座南北向的木板桥，是玉河逶迤入皇城后的第一座桥。位于今东板桥胡同与北河胡同接口的地方，它与西板桥的方位并不相对。

当年于东板桥东望，沿河还有头道、二道、三道桥。岸边垂柳，河坡绿草如茵，沿河有鳞次栉比的四合院，一些宅院门前筑有小影壁，真乃村野水乡好风光。现在的东板桥已化为水泥桥面，旁边的百年老槐诉说着"有老槐必有老宅"的沧桑。

菖蒲河

东板桥的小桥流水人家已是过去时，如今向南一头扎到南池子，可以见到真的小桥流水。

菖蒲河实际是外金水河的东段，因河中两岸菖蒲丛生而得名。它从天安门城楼前向东（南池子南口至南河沿南口）沿皇城南墙流过，汇入玉河。北岸叫菖蒲河沿；南岸叫东银丝胡同，民国时曾称东银丝沟，因胡同细长且有排水沟而得名，"文革"中一度称为葵花向阳路二条。

明代河上有一木板桥，清称之牛郎桥。1913年打通南池子时，将此桥改为石拱桥。

菖蒲是干啥的？《燕京岁时记》云："端午日，用菖蒲、艾子，插于门旁，以禳不祥，亦古者艾虎蒲剑之遗意。"菖蒲从开春发芽，到端午时，叶子已长到近1米，如同利剑一样，插在门上犹如钟馗把门，传能避邪。

菖蒲河1949年被架上盖板，变成暗沟。上世纪60年代后期填平河沟，改为街道，东银丝胡同也被并入菖蒲河沿。2002年3月，北京市政府启动了菖蒲河公园建设，半年之后，便将尘封已久的古河道改造成一处崭新的城市园林。

菖蒲河公园里还建有一批仿古的文化建筑，如皇城艺术馆、东苑戏楼、皇城会等，都是可以休闲散步的好去处。

飞龙桥

距菖蒲河北一百多米与皇史宬隔街相对的，便是飞龙桥

小桥、流水、堤岸、垂柳，车水马龙的长安街旁，并存着如此精致的园林。

胡同。飞龙桥的形成，要追溯到明英宗朱祁镇。

　　正统十四年（1449年），"英勇"的英宗御驾亲征，却在"土木堡之变"中被瓦剌军队俘获。留守北京的兵部尚书（国防部长）于谦等人指挥了举朝震惊的"北京保卫战"，并立英宗之弟朱祁钰为帝，是为代宗（取而代之，"英"、"代"名副其实）。次年，明政府与瓦剌议和，英宗获释。

　　回京后，下课的英宗被软禁于皇城东苑（又称"南城"）的重华宫（今普度寺的前身）等地，长达八年之久。景泰八年（1457年）的"夺门之变"后，英宗咸鱼翻身恢复帝位。但他十分怀念"南城"一带的幽静，数次到此游赏，并新建了一座

"嘉乐馆"。

其正殿为龙德殿，殿后的玉河上，横跨着一座白色石桥，名曰"飞虹桥"。桥栏上精雕龙、狮、蛙、鳖、鱼、虾、龟等，栩栩如生。并凿有水波纹饰，整桥如同置身于汹涌波涛中一般。明代才子徐渭（徐文长）曾在《九月十六日游南内值大风雨归而雪满西岫矣》一诗中写道："风雨故梢铜网翼，鱼龙欲活石桥鳞。"

传说，修桥的石料，是三宝太监郑和下西洋时海淘，磨好后运回中国的。《长安客话》引陶从政诗云："中官三宝下西洋，载得仙桥白玉梁。甲翼迎风浑欲动，睛珠触日更生光。"建到最后，桥前右边还缺一块方石，可料已用完，工匠们只好自己找件磨补。试了几次，均未成功，只好作罢。

桥南北各建有牌楼，南曰"飞虹"、北为"戴鳌"，东西端还建有"天光"、"云影"二亭。桥后垒石为山，山上建乾运殿，山后是引水环绕的环碧殿。

当年，石桥四周的空地上种有瓜果蔬菜，虽在城内，风景却似乡间。

清代，龙德殿一带逐渐废弃，唯有石桥尚在，名已讹为"飞龙桥"。《日下旧闻考》考证道："其地犹有名飞龙桥者，盖即飞虹桥遗址，龙、虹音近而沿讹耳。"可惜，民国年间，飞龙桥也被拆毁。后来，这里形成了一条小巷，即今天的飞龙桥胡同。

飞龙桥胡同五号，曾是清翰林谷成雨的宅院（彩图六）。门前完整地保存有拴马桩和下马石，是皇城内极少数者。

筒子河

菖蒲河公园向西300米，到达天安门城楼。穿过城门，直到午门，就看到了筒子河。

筒子河实际上是紫禁城的护城河，全长3500米，水面宽52米，深4.1米。以神武门、午门为南北轴线，东、西华门为东西轴线，筒子河可划为西北、东北、东南、西南四部分。东华门、西华门和神武门门前路面下各有涵洞将四部分连通。历史上，除了防卫之外，筒子河还有防火和为紫禁城提供水源之用。

明永乐年间在紫禁城外开凿了外筒子河。挖出的土也没浪费，肥土不流外人田都用去堆景山了，还解决了渣土处理问题。当时只围绕紫禁城东、北、西三面，分别称为东华门筒子河、神武门筒子河、西华门筒子河。作为紫禁城的第一道防线，起保卫四面城垣的作用，使敌人难以涉河攻城。即人们常

水天一色,筒子河一泓秋水如镜。

说的"金城汤池、深沟高垒"。

　　既然是护城河，就应该四面环绕，三缺一是行不通的。所以，清乾隆二十五年（1760年），下令工部将筒子河水，从午门阙右门外石板桥下面的暗沟引入西阙门，由午门前面石板道下的暗沟引向东流，经东阙门石板道下面的暗沟流入太庙。这条长七十丈九尺九寸的暗沟定名为午门暗筒子河。至此，筒子河才形成今天的模样。

　　上世纪80年代初，筒子河边是北京青年谈恋爱必须要轧的一段马路。按照普通人步行的速度，绕河走一圈需要一个多小时，这让青年男女有足够的时间表白和黏糊，肚子里有点货的还可以八卦一下皇帝和他的女人们，增加成功的几率。

情侣们爱上筒子河，是因为这里傍晚的幽静，游人散去后，高墙下的海誓山盟有一种特别庄重大气严肃心诚的感觉。而临着太庙和紫禁城东南角楼的一小片开阔地，也被许多人认为是最适合接吻的地方。

当然，来筒子河看人接吻的毕竟是少数，看鱼和与鱼钩接吻的人居多。虽然河堤上有禁止钓鱼滑冰的告示牌，但似乎从来也没有人对此认真过。早先活跃在这里的钓客大部分都是土生土长的本地人，现在这个圈子已经扩得很大。一位老钓客这样说起他钓鱼的心得：在筒子河里钓鱼，不为吃，就是借点龙气。再有了，皇上钓得，我就钓不得？其实皇帝还真不一定钓过！我观察了几次，大多是长7、8公分的灰色长条鱼。偶尔运气好，能钓到很小的螃蟹。

筒子河河水清澈时，夜灯下的紫禁城倒映在水面上，远望犹如一座水上宫殿。一条筒子河将平民自然地拦在皇宫外，朝堂与百姓的联系也随之隔断。

美景很丰满，不过现实很骨感。由于年久失修，泊岸多处酥化，宇墙歪闪坍塌，周边私建乱搭，环境日益见差。

1998年，北京市政府进行综合整治。不仅清理了淤泥9万余立方米（又可以堆一座新景山了），而且将周围排往筒子河的污水管道全部改向别处，并从永定河灌渠引来的源头活水，加速了筒子河的流速，消除了臭气。正是：筒子哪得清如许，为有源头活水来。

喜欢看帅哥的花痴走过路过不要错过啦！如果您是早上来的，筒子河南，每天都会有伴随着雄壮的《歌唱祖国》而操练的国旗班卫士，成为独一无二的风景。许多游客到此都会驻足休息，顺便评价一下哪个在他们心目中动作更标准、更挺拔。

筒子河远处是故宫东南角楼,河对岸是正在操练的国旗班卫士。

西步粮桥

筒子河似乎离皇城北边的西步粮桥很远。但什刹海的水要注入筒子河，首先就要经过西步粮桥。

西步粮桥是座东西向闸桥合一的单孔石桥，横跨在什刹海通向北海的水道上，以控制进入北海的水量。明代修建皇城北城墙时将部分桥基压在城墙下，俗称西压桥。1950年清挖什刹海时，桥的主体结构尚好。

和东不压桥的命运差不多，1970年扩建地安门西大街，将桥拱脚以上部位拆除，其余埋在马路下面。随着地铁6号线的开通，残桥上有平安大街，下有地铁，成为十足的"三明治"。

西板桥

什刹海水入皇城后一路南下，到达的第1座桥是建于元代的西板桥。

虽称板桥，实为单拱石桥。1911年，西板桥所在的街道称西板桥大街，1965年改名景山西街。1973年因明渠改暗渠，西板桥与暗渠一起被埋于地下，桥栏杆等被拆除。至今只剩5路、609路公共汽车路线还留有"西板桥"站名。

鸳鸯桥

西板桥南行不远即是当年的鸳鸯桥。此桥是明代马车运送石件去往紫禁城的必经之路。为避免坍塌，桥面半边用石板铺砌以供走人，另外半边用砖头铺砌以供走车。因为桥面被压坏后更换砖头比较容易，同时马车行走时车轮也不易打滑，所以被称为"鸳鸯桥"。

织女桥

织女桥建于明代，位于南长街南口、与外金水河西段相交。

牛郎桥与其相对，建在南池子大街南口、与外金水河东段相交的地方。虽然牛郎织女两桥仅隔一公里多，但中间的紫禁城却让它俩一左一右，天各一方。

明清时，紫禁城和天安门前虽然没有王母娘娘画下的天河，但"天街"是绝对不能穿行的，如若冒犯就是死罪。住在牛郎桥的小伙子要想约会住在织女桥的姑娘，只有两条路好走：要么从南河沿往北拐到地安门外，再西行绕皇城半圈儿，然后才能拐到南长街；要么从南池子向南，经东交民巷绕到前门外，再从宣武门入城拐到南长街。

1951年明渠改暗沟时，织女桥被埋入地下，如今安静地在东河沿儿某院下面埋着。牛郎桥也被埋入地下，上面修成马路。不知这算不算是另一种意义上的长相厮守？不过因地处织女桥东侧而得名的织女桥东河沿胡同仍在，却没有相应的牛郎桥胡同。

金水桥

从织女桥向南走到长安街，再向东行约300米，就到了金水桥。

金水桥有内、外之分，分别横跨于内、外金水河上。紫禁城内太和门前的5座白石桥，叫内金水桥。

而人们通常所称的"金水桥"实际上是外金水桥。它由7座桥组成，中间的5座分别与天安门城楼的5个门洞对应。最中间是皇帝走的御路桥，它的两侧是亲王走的王公桥，再外侧是三品以上的官走的品级桥。最外侧的桥因对面是公生门，故叫公生桥，是四品以下小官走的，位于太庙和社稷坛门前。明、清时期的太庙和社稷坛，冲长安街不开门，所以这两座桥只是摆摆样子。

始建于明永乐十八年（1420年），重建于康熙二十九年（1690年）的外金水桥为3孔石拱桥。中大侧小，桥身用花岗岩砌筑，桥栏用优质汉白玉雕琢，在巍峨的天安门城楼和威严的雌雄双狮衬托下显得玲珑秀美。

相传金水桥、牛郎桥、织女桥的始作俑者明成祖朱棣在建桥时，寓意以金水桥为"鹊桥"。在七夕节的夜晚，他带着后妃们来到金水桥观星放灯游乐，众多彩灯如同彩虹般的鹊桥，有让牛郎织女在七月初七之夜来此相会之意。

金水桥的蓝本，出自元皇城的周桥。而周桥的设计师和主持建造者，是一位普通石匠——河北曲阳的杨琼。曲阳盛产玉石，石雕技艺唐宋以来已闻名于世。杨琼出身于石工世家，他的石雕"每出自新意，天巧层出，人莫能及焉"。

至元十三年（1276年），修建元皇城崇天门前的周桥，很多人画了图送上去，都未选中。而杨琼的设计方案，使忽必烈十分满意，下令督建。《故宫遗录》中记有：周桥"皆琢龙凤祥云，明莹如玉，桥下有四白石龙，擎戴水中；甚壮"，为皇城增色不少。因而明皇城的建造者，把它照样搬来，用以营造金水桥了。

七

晨钟暮鼓

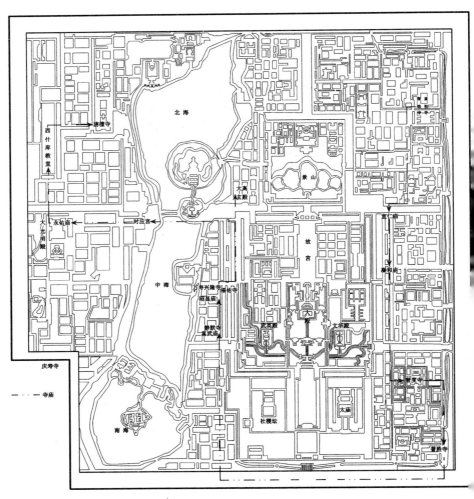

北海

西什库教堂

清檀寺

大高玄殿

景山

故宫

永佑庙

时应宫

大光明殿

中海

宜仁庙

雍和庙

万寿兴隆寺 福佑寺

昭显庙

静默寺 真武庙

武英殿

文华殿

智度寺

庆寿寺

南海

社稷坛

太庙

普胜寺

—·—·—·— 寺庙

皇城内的宗教场所。

皇帝也是人，也有自己的信仰自由，而且不同的皇帝出于不同的目的有不同的宗教信仰。为满足皇帝们的朝拜要求，皇城内便有了林林总总的寺、观、庙、堂，构成了皇城之内一道道独特的风景。历史地诠释了"北京精神"中的"包容"。

在这6.8平方公里的区域内，各路神仙来开会，汇集了以上层人士为主体的信仰（道教、佛教和天主教）和以自然崇拜为中心的原始信仰（风、雨、雷、电），还有皇家的宗室家庙。密度之高，种类之丰，无出其右。

嵩祝寺

雍正十一年（1733年），位于北河沿大街25号的嵩祝寺建成。

章嘉呼图克图是清朝皇帝在藏传佛教界中敕封的唯一国师，也是四大活佛之一。"呼图克图"是藏语"朱必古"的蒙古音译，意为"化身"。嵩祝寺竣工后，凡来京之蒙古喇嘛章嘉各世活佛，除个别居住过南城法源寺外，余者大多居住于此，而他们的随员则居于旁边的法渊寺和智珠寺。

嵩祝寺寺址原为明代番经厂和汉经厂。寺内东廊下的铜钟铸有"番经厂"字样，西廊下的铜云板则铸"汉经厂"。两者的区别在于：番经厂念习西方梵贝经，汉经厂念习释家诸品经。

据《日下旧闻考》卷三十九载："明番经厂、汉经厂今为嵩祝、法渊、智珠三寺。""法渊寺在嵩祝寺东，寺有铜鼎一，高六尺有咫。智珠寺在嵩祝寺西。"但《京师坊巷志稿》卷三载："嵩祝寺东有法渊寺，西有智珠寺。又东为三厂遗址：明置番、汉经厂、道经厂于此。"可哪里还能有地方容纳三厂？

据乾隆十五年《京城全图》所绘，嵩祝寺之东为番经厂、汉经厂两组大型建筑，而嵩祝寺与两经厂之间并无可容法渊寺之地，所以应是将两经厂改建为法渊寺，《京师坊巷志稿》的记载不够精确。

在清代，嵩祝寺是与雍和宫齐名的喇嘛寺庙。如今，嵩祝寺东侧的法渊寺已无（估计就是原来的东风电视机厂、现在的中国进出口银行所在地）。

1900年8月16日开始，八国联军公开抢劫三日，北京处于空前灾难之中。

嵩祝寺被劫走的有：

镀金八尺大悲菩萨一尊、一尺菩萨三尊、大小镀金铜佛三千余尊、铜佛五万余尊、瓷佛十三尊、瓷瓶十二对、镀金器物四十件、银器七件、铜器四千三百余件、银器五十八堂件、幢幡七十堂首、锦缎绣品一千四百余件、竹木要器一百一十余堂份、墨刻珍品一千六百余轴、乐器一百余件……（《景山社区报》2009年3月14日）。损失极为惨重。

嵩祝寺坐南朝北，共分三路。其中路建有五进大殿，分别是山门殿、天王殿、正殿、宝座殿、后楼。东路为寮房、经堂。西路为喇嘛住宅。

1995年，爱国人士香港林达国际投资集团有限公司董事长李晓林先生，在该寺部分建筑濒临倒塌的时刻，捐资500多万元，对嵩祝寺进行修缮。这事说起来容易，做起来难。

因为不开放，只能透过凌乱的电线、公厕看嵩祝寺后楼。

"缮"有善报。修缮中发现了清中期绝版彩画。此画虽经历了200多年的侵蚀，但色彩依旧，令人称绝。图案中蕴含的蒙藏民族风格，极具魅力。

他的善举挽救了文物，实现了儿子对母亲的承诺，也圆了自己少年时的一个梦想。寺内与他身高相若的一樽"功德钟"，使来宾在参观之余，也感受一下炎黄子孙的爱国之心。

智珠寺

嵩祝寺西侧的嵩祝院23号就是智珠寺。据乾隆十五年的《京城全图》，该地当时尚为一片民宅，而成书于乾隆三十九至五十年之《日下旧闻考》则有"智珠寺在嵩祝寺西"的记载，可见此寺建于乾隆十六至三十九年（1751—1774年）间。

寺院坐北朝南，从山门殿至后殿共五层殿宇。天王殿殿额为"宝纲光音"。第四层大殿门楣有额"现清净身"，故此殿又叫"净身殿"。

1950年代末，智珠寺先被北京金漆镶嵌厂，后被自行车飞轮厂、景山装订厂占用。自行车飞轮厂占用部分，后改由景山医疗器械厂占用。1960年代，智珠寺正殿发生大火，幸而扑救及时，正殿得以保存，但整个殿宇被熏黑。

智珠寺的配殿、配房等一度变身为高档会所，某著名演员的订婚宴就在这里举办。由于大门紧闭，游客很难一睹其真容。"智珠"成了"遗珠"。

智珠寺山门门楣有石额"敕建智珠寺"。也是因为不开放，我等了好久，方趁大门打开之际按下快门。

宣仁庙

从智珠寺出来向南，经过前身是明代的印绶监、清代的会计司某处，现在为很多老外爱住的某酒店，进入我很喜欢的北、南池子大街。第一站到达位于北池子大街路东2、4号的宣仁庙。

雍正六年（1728年），皇帝谕旨，"风雨时若，百物繁昌"。自雍正元年（1723年）敕建时应宫，虔祝龙神，几年以来，有祈必应，其"福庇苍生"的实例，历有明验。而风神，"巽顺和煦，茂时育物"，也应该举行隆重的祭祀，"以答洪庥"。所以要在皇城内择地建庙，因时祷祀，"以展朕为民祈福之诚"。

于是经大臣们遵旨议定：来自箕星的风师为苍龙之第七宿（我国古代将天上的众多恒星分为28群，称为二十八宿），位置在东北。所以，致祭方向，"自宜就其星位"。其庙宇规制，仿中海时应宫。同年，雍正皇帝钦定风神封号"应时显佑风伯之神"、庙名"宣仁庙"。所以宣仁庙俗称风神庙。

庙内有雍正皇帝御书"协和昭泰"匾额，献殿祀风伯，寝殿祀八风神。风伯系司风之神。

据乾隆《京城全图》所绘：该庙四周为庙墙，南端东西两侧各有一座牌楼（二柱一门或四柱三门无考），院内南为影壁，北为庙门。入庙门，东西为钟楼和鼓楼，北为献殿，该殿两侧有内墙。内墙南部东西各开一随墙门，可进入内墙两侧外的细长跨院，院内各有寮房九间。过献殿北部即为享殿、寝殿及东西朵殿。

嘉庆九年（1804年）重修。

现状是庙街门为大型随墙门（彩图七），坐东朝西。庙门三间,中为石券,门上悬"敕建宣仁庙"石额。

新中国成立后,这里一度成了北京市中医医院和妇产医院的宿舍区,一代又一代的白衣天使从这里进进出出,在另一条战线上保民平安。

每年的雾霾和沙尘暴,包括京城在内的北方城市深受其虐。风神老爷一定很愁苦。因为它来才能驱散雾霾,皇"城"成了皇"澄";但它一来,又会带来沙尘,"皇"城成了"黄"城。它就在来还是不来中纠结。

2013年"两会"期间,全国人大代表钟南山院士发出了振聋发聩的声音,"在世界卫生组织1 802个城市空气质量排名中,北京列第1 035位"。"我们是时候该思考了,到底是GDP第一,还是健康第一"? 治理与每个人休戚相关的环境,不能靠风吃饭,还是要靠扎扎实实的环境保护,才能"茂时育物"。否则,只能"十面霾伏"或者"满城尽带黄金甲"。

凝和庙

风云、风云,有风就有云。风神庙向南约300米,就到了云神庙。

大名凝和庙的云神庙在北池子大街46号。雍正八年（1730年）敕建，庙以云雾可凝结为水而得名。雍正题有"兴泽昭彩"额。庙门坐东朝西，殿宇均坐北朝南。

据乾隆《京城全图》所绘：该庙形制与宣仁庙类似。南端东西两侧各有一牌楼（二柱一门或四柱三门无考），入东西牌楼，南有影壁一座，北为庙门。过庙门东西为钟楼和鼓楼，北为献殿。该殿两侧有内墙，并向北至享殿和寝殿。

凝和庙地近紫禁城，常有进京官员住宿。吴岩《冬夜宿云神庙》诗云："紫禁森严傍帝居，丁丁寒柝夜何如？云神庙

民国二十二年（1933年），凝和庙改为北平市第四十三小学，后改称向阳小学，现在是北池子小学。

里三更月，有客披裘读道书。"

普度寺

一直向南穿过东华门大街，来到南池子大街，从普渡寺西巷进入，经过若干座很精致的双层四合院，到普渡寺前巷35号的普度寺。

这座矗立在皇城东南角的皇家建筑已有近700年的历史。它曾先后作为苑囿宫殿、王府、寺庙和校舍，亲历并承载了多次皇室、社会的风云动荡，历史演变轨迹清晰而曲折，文化积淀深厚且独特，是一处无字而丰富、无言却多元的历史遗产。

明建造北京城时，于皇城内的东西两翼对称地规划了两处皇家园林。西部即以太液池为核心的西苑；东部位于东华门外的东南部，称作东苑。

永乐十一年（1413年）端午节时，明成祖朱棣率领文武百官到花草遍地、树木丛植的东苑击球、射柳。最喜爱的皇孙朱瞻基（后来的明宣宗，他爸能当上皇帝，很大程度是沾了他的光）连击了几发都中了。老爷子一高兴，就为他专门在此修建了皇孙宫。所以有的时候房子问题不一定啃父母，爷爷也是有用的。

宣德年间，朱瞻基即位后，便对其龙兴之所进行了扩建和增修，奇石异木充斥其中，台榭楼阁并立于内。此时的东苑已不再是单纯的皇家苑囿，还成了皇帝临幸居住的场所。当时又被称为"南内"、"南城"或"南宫"。

"土木堡事变"和"北京保卫战"后，英宗又回来了，随即被禁锢于南宫。之所以选择这里，一是由于其地处紫禁城之外，又相距不远，既可大大减少英宗干预政治、甚至发动政变的可能（不幸的是最担心的这点恰恰成了事实），又便于景帝对其控制；二是南宫的建筑具备相当规模，能基本符合英宗"太上皇"的身份，可避免外人的说三道四。几日之后，英宗就在南宫接待了瓦剌使者。

英宗居于南宫东部的崇质宫，俗称黑瓦殿（名字类似于某国的总统府）。他的活动范围极其有限，生活也受到了严密的控制，"在南宫重门内，前后两殿庑甚湫隘，侍卫简寂，膳自窦入，楮笔不多给，恐其通外也。皇后至刺绣出卖，外家微有所进以供食玉"。"有御史某奏景皇帝，南城多树，事叵测，遂伐之尽。时盛夏，英宗尝依树凉以息，及树伐，得其故，惧甚"。(《长安客话》)

英宗复辟的"夺门之变"又被称为"南宫复辟"。南宫区域是见证这一段历史的重要场所之一，它成为朱祁镇重新夺回皇位的起点。他复位后，又把他弟弟朱祁钰送到了重华宫。所以人生如戏，三十年河东三十年河西。

怀着对小南城的无限感情，他进行了大刀阔斧的增修。此时南宫之中宫、殿、馆、阁等一应俱全，其建筑规模达到了鼎盛。与大内紫禁城、西内并称为皇宫"三大内"。

南宫扩建之后，集宫殿、苑囿、山水于一体，环境绝佳，因此受到英宗之后的历代明朝皇帝的青睐，成为经常的游幸场所。据传，正德年间，南宫的金鱼每天吃的白面蒸饼就要二十斤。

清初，为了褒奖那些战功显赫的满清贵族，封赏了六家亲王和两家郡王为"八大铁帽子王"，均是开国元勋。"八铁"之一的多尔衮功劳最大，权势最炽，其府邸——睿亲王府就是在南宫的基础上改建而成的。

睿亲王府邸的规制，超出了清政府对于亲王府的规定，比多尔衮在盛京沈阳的府邸规模都要大得多。僭越的同时，它的位置也比其他王府更靠近紫禁城。

多尔衮掌权七年，经常召集百官在府内策划军国大计，然后将拟好的皇帝诏旨带到朝廷上走个过场。后来他嫌带来带去太麻烦，干脆将皇帝的玉玺抱回自己的王府。因此睿亲王府实际上成了当时的权力中心。清初诗人吴伟业曾有诗句讽多尔衮府"松林路转玉河行，寂寂空垣宿鸟惊。七载金縢归掌握，百僚车马会南城"。"金滕"指皇家的文件柜,"南城"自然是王府的所在地小南城了。

多尔衮死后,王府上缴。往昔的荣华富贵也一同"滚"了,当年不可一世的府邸陷于冷清和沉寂中。康熙三十三年(1694年),将王府南部改作了缎匹库。

同时,清圣祖为了团结蒙古和西藏等少数民族,特将王府北部改建成为藏传佛教寺庙,供奉护法战神玛哈噶喇(又名"大黑天"),成为玛哈噶喇庙。

康熙选择荒废已久的睿亲王府建庙的原因是:这里距紫禁城近(地段好);建筑规模宏大(成本低);明代时这里的洪庆宫就是供奉藏传佛教番佛玛哈噶喇之处(房地产开发嘛,文化卖点不能少);多尔衮死后被追罪,这里不再适合作为宫殿,改为寺庙则更为合理(商品房卖不动,可以变商用嘛)。焉有不用之理?

乾隆四十年(1775年),皇帝下令对玛哈噶喇庙重加修整,次年,改名为普度寺,并为其正殿亲自题写了匾额"慈济殿",殿内题额"觉海慈航"。大殿的廊下有魏显达(清启蒙思想家魏源的族兄)书写的楹联:"普济众生蒙佛荫,渡连圣城沐神恩。"主殿后为黑护法佛殿、转轮藏殿等建筑。

多尔衮的冤案直到乾隆四十三年(1778年)才得到平反昭雪,其爵位得到恢复,并配享太庙。此后,为了纪念这位功勋卓著的大清名臣，特在黑护法佛殿内收藏他生前用过的甲胄弓矢。铠甲长2米多，黄缎面上绣有龙纹图案，头盔的直径有30厘米（要不怎么配得上是铁帽子王呢？），弓矢的长度也比常人超出三分之一——果然是位猛男！

当时，皇城内的皇家寺庙最主要的有八处，俗称为"八庙"，分别为宣仁庙、凝和庙、普度寺、真武庙、昭显庙、万寿兴隆寺、静默寺和福佑寺。据说这八庙，早年间名气可与承德的外八庙相当。如今，除了福佑寺外，其余七座庙宇，均失去了原有的格局和规制，或被拆除或被改建。

多尔衮平反后，普度寺的职能又增加了一项：纪念多尔衮一生的功勋和业绩，这是其他七座寺庙所没有的。清人英和曾写下《普度寺》，盛赞多尔衮，"此寺为王故邸第，当年甲胄犹供养。仿佛斑斑战血痕，恍见英姿来飒爽。敬念文皇创业年，遗甲尊藏共弓仗。惟王一德咸在天，扈从云旗定来往"。

1912年后，国民政府将破败的普度寺改为国民三小。后来根据其历史和地理位置，又先后改称普度寺小学和南池子小学。寺内供奉佛教神灵的大殿被改作普及知识的教室，承载建筑的台基变成了学生活动的操场。普度寺自此开始了它近90年的校园历史。

2001年政府在南池子地区改造的过程中腾退了南池子小

学，搬迁了近二百户的居民，拆除了数千平方米的违章建筑，并对普度寺进行了全面的修缮和保护。

普度寺曾在2007年一度成为北京税务博物馆，现为三品美术馆。在新的历史时期，这座昔日的皇家建筑焕发了新的活力。

现有的山门、正殿、方丈院北房等建于一座高约3米的砖砌高台之上，突出于周围的建筑，使寺庙显得气势不凡。此台即明重华宫寝宫的基座。

山门位于高台的南部，拱券形门朝南，东南部有一尊多尔衮的铜像。

正殿位于高台的北侧，建筑在高高的凸字形汉白玉须弥座上。大殿周围环以36根檐柱，柱上梁头都是木雕龙头，这在北京是很少见的。山墙与檐墙用大青砖顺砌而成，墙下部用绿色六边形琉璃釉砖拼成几何形图案。窗棂高大，基本接近地面，这是明显的满族风格。

传说普度寺当年有两层屋檐：修寺庙的工头犯了一个错误，在施工过程中不小心使房顶斜度不成比例了。眼看无法纠正，绝望中的他准备自杀。在他作最后决定的那个晚上，给工人做饭的厨子突然病了，一个陌生人来接替他的活儿。工人去吃饭时，他们发现菜里的盐放多了，口味太重咸得够呛。

新厨子被叫来后，只回答说："加重盐。"工人们一头雾水，但厨子只是重复这三个字，便再也不说别的了。工头仔细

普度寺正殿壮丽雄伟。大殿顶部为黄琉璃筒瓦绿剪边,前厦为绿瓦黄剪边。

普度寺的屋檐,被赋予了神奇的传说。

琢磨厨子的话，突然觉得这三个字好像就是说再加一层屋顶"重檐"。他忙派人去找新厨子，但已不在了。门房说没有看见人离开这里，工头觉得那人一定是鲁班现身，于是给他烧香，听从了他的建议。

但我并没有找到重檐，至少现存的正殿等都不是重檐，只见有两层"飞子"。所以"哥只是个传说"。不知道是重修的原因还是传说有误。"飞子"施于建筑的檐椽之上，被称为"飞檐"。人们常用"飞檐翼角"来描述中国传统建筑的屋顶。

普胜寺

普度寺东行100多米，来到南河沿大街，再向南行200多米，到达位于南河沿大街111号的普胜寺。

这里明代属东苑。清顺治八年（1651年），在崇质宫旧址敕建了一座赐名普胜寺的喇嘛庙，是清初为番僧恼木汗建的三大寺庙之一。后因寺内住持有位姓石的蒙古人，因民间称呼蒙古人为鞑子，庙也就成了石达子庙了，又称"十达子庙"。乾隆九年（1744年）和乾隆四十一年（1776年）两次重修。

寺前院原有两大带龟趺卧碑，碑宽3米余，高1.5米，据说是京城内最大的卧碑。东碑为清顺治翰林国史院大学士宁完我撰，

普胜寺1913年改为以"富强祖国"为宗旨的"欧美同学会"。

写了"普胜"的碑文后，不知能否给好赌的老宁带来好手气？西碑为清乾隆九年（1744年）工部侍郎励宗万撰写的重修寺庙碑。两碑于1984年送到真觉（五塔）寺石刻艺术博物馆保存。

1913年欧美同学会会员集资银元2 000购得已破旧的普胜寺，翻修后建立会所，又于1918、1922年两次扩建。1925年由会长颜惠庆发起，向国内外同学募捐，由会员贝寿同工程师设计，新增房舍90余间，共耗资四万余元。扩建后，除设大会议厅外，还有餐厅、图书馆、游艺室以及浴室、招待所、网球场、弹子房等，形成今天会址的规模。

著名学者章士钊、胡适、张若溪等人曾经常来此活动。一些学术团体，如读书俱乐部、国际研究社、国际联盟同志会也借此地设会。另如中国地质学会、中华工程师学会、中国矿冶学会、中国化学工业会、中国医学学会、科学社、经济社以及全国图书馆学会等，均经常在此开会和举办学术讲座。

还经常有青年会员在此举办婚礼，梁实秋先生和程季淑小姐就是在此举办合卺之礼。"文革"期间，这里一度成为政协北京市委员会所在地。1985年政协迁出，此处仍归欧美同学会使用。

真武庙

从"欧美同学会"出来，向南直到长安街。转向西经过劳动人民文化宫、天安门与中山公园，再向北拐入南长街。明代，南长街北口西南为御用监。

到了清代，这里成了名为真武庙的道观，因为真武大帝是御用监供奉的神灵。庙内有一不明来历的大石钵，道士们一直用它腌咸菜。康熙五十年（1711年）重修真武庙时，辅臣高士奇发现石钵确定一定以及肯定是玉制，真是暴殄天"珍"呀！如同用千里马拉盐车。赶紧将菜掏出，清洗干净，在里面储水，并放入山石，置于观音大士前，以示南海普陀之意。之后，真武庙遂改名为玉钵庵，庵前的胡同也改名为玉钵胡同。

但此时，仍不知玉钵的真实身份。乾隆年间，赐居在此的翰林院学者，看到玉钵，认为绝非民间器物，于是翻寻资料，反复考证，惊喜地发现这就是丢失了近500百年的元代广寒殿内的渎山大玉海（玉瓮）（详见第五章《北海》）。所以有的时候懂一点文物鉴赏知识是很有用的。

此事被报告给皇帝后，乾隆自然喜出望外。乾隆十年（1745年），内务府受命拨银十万两送至庵内相易，才将它赎回，使之落叶归根。但此次相易并没有同时移回原底座，而是另刻一尊汉白玉底座，同玉钵一并置于团城承光殿前。5年后，玉钵庵重获整修，又复刻了一个玉钵放在原底座上，使玉钵庵名副其实。

1980年，庵内的玉钵和底座一起被移往重修的法源寺，现在这里已被高高的围墙围住。

静默寺

真武庙向北行约400米是静默寺（北长街81号）。同大马关帝庙（恭俭胡同58号）、慈慧寺（北月牙胡同11号）、兴隆寺（东板桥东巷6号）、景山东街关帝庙（景山东街4号）、三眼井关帝庙（三眼井胡同32号）、骑河楼关帝庙（骑河楼街5号）一样，它们都是皇城内的关帝庙，只是位置不同。

静默寺始建于明崇祯元年（1628年），内有建寺时所立的关帝庙碑，据说大殿内曾供有关公的青龙偃月刀。

　　清康熙五十二年（1713年）重修，赐名静默寺。雍正年间，静默寺的住持海宽是雕印《大藏经》的主持之一。乾隆五十八年（1793年）又重修，并立有碑记。因为离皇宫很近，常有觐见皇帝的大臣在此留宿。同治帝与光绪帝的帝师翁同龢在日记中多次出现"晚入城，住静默寺"，"早间出城后，由馆到静默寺"的记载。

　　新中国成立后，静默寺"安静而沉默"地成了居民院。山门是北长街居委会所在地。

静默寺是皇城内的关帝庙之一。

昭显庙

静默寺再向北100米就是昭显庙。

北京是一个雷电活动比较频繁的城市。据记载，有明一代，紫禁城至少受到过14次雷击。

为了祈求雷神的保佑，凝和庙建立后的第二年，又建造了俗称雷神庙的昭显庙，以祭祀雷神，即现在的北长街71号。庙成之后，清代的雷击事故还真比明代减少了，不知道是不是雷神发挥了作用。但也有清代防火措施加强的原因吧，偶有雷击，也能够及时得到控制和扑灭。

为何要将雷神庙建在北长街？

一是，北京雷电多首发于西北方向，伴随有西北方向东南方对流的强风。既然雷电从西北袭来，所以雷神庙的选址理应位于皇宫的西北。

二是，古人认为北长街为北京的龙脉，在此建造雷神庙，有龙则灵。龙能生水，水能克火。明礼部尚书朱国祯《涌幢小品》云："余过西华门，马足恰恰有声，俯视见石骨黑，南北可数十丈，此真龙过脉处。"

雍正皇帝认为，在此建雷神庙靠谱，就批准了工部和礼部的方案。

庙坐北朝南，外垣门东向。原有山门、钟鼓楼、前殿、中殿、后殿，山门的券门石额书"敕建昭显庙"。现只剩下后殿及影壁。

民国时期北京教育会在此办公。曾任文书的老舍先生的短篇代表小说《徵神》等作品中，就有雷神庙的影子。而《骆驼祥子》，也是以南北长街等处为主要背景地点的。1925年3至4月曾在此召开"国民会议促成会全国代表大会"，以抗议段祺瑞政府的"善后会议"。1937年，在这里成立北京市教育会附属小学，后改名为北长街小学。

现为北长街小学的昭显庙。

福佑寺

昭显庙向北200多米的路东就是福佑寺。

皇城内的宫殿多很高大，易遭雷击引起火灾，或遇风灾受损。故明代及清初顺、康年间，每年都会统一在天坛祈年殿举行云雨风雷四神的祭祀活动。

到了雍正年间，这样的祭祀仪式更受重视，分别兴（改）建了宣仁庙、昭显庙、凝和庙、福佑寺，以对应风云雷雨四神。皇帝每年定期祭祀，祈求上天保佑风调雨顺、万民安居。

以故宫西华门和中南海东门之间的道路为分界线，分为南长街和北长街。虽然现在看来不算繁华，甚至有时候太过寂静。但是从明朝开始，中国政治中心多数时间都处于这条街的两边。

福佑寺外面看起来不大，红墙黄琉璃瓦，院内古树郁郁葱葱，因为现在仍有单位常驻，无法参观。唯有门口白色大理石的牌子在提醒着人们，这里是文物保护单位。

福佑寺东墙外便是故宫的筒子河，寺坐北朝南，外垣门西向（彩图八）。全寺三进。第一进主建筑天王殿为黄琉璃瓦歇山顶，殿前东西建有钟鼓楼，亦为黄琉璃瓦重檐歇山顶。第二进大雄宝殿为寺的中心建筑，面阔五间，正脊中部建有莲花座铜塔。第三进为后殿，面阔五间。

天王殿内供奉着顶天立地的四大金刚坐像，分别握有无鳞无爪的龙，无骨无盖的伞，无弦的琴和无鞘的剑。佛像画工细致，惟妙惟肖，眉毛胡须历数可见。四大金刚坐像少见，如此细腻而霸气的也独此一家。

大雄宝殿内建有重檐八角亭一座，檐顶上挂有十世班禅敬献的哈达。亭内正中供奉着用纯黄金铸造的文殊菩萨，冠上镶有硕大的五彩宝石。相传乾隆皇帝曾梦见自己是文殊菩萨的化身，所以供文殊菩萨于一个独立亭子之中，故称"文殊亭"，这在北京乃至中国寺庙中也是独一无二的。文殊右边是释迦牟尼佛。东西两边分别是十八罗汉金坐像，佛像做工考究、大气，彰显非凡的皇家气派。

虽身处京城中心特殊的地理位置上，但或许是庙内的菩萨诸神真有仙气，从八国联军到"文革"的一场场浩劫，寺庙始终平安无事，毫发未损，真是奇迹！

清初，北京地区流行天花。幼年的玄烨即后来的康熙帝也不幸中了招。虽贵为皇子，也不能留住皇宫了，遂由乳母、太监陪同移到建于顺治年间的福佑寺避痘。

玄烨幼年长期在此，他的内心一定十分孤独，晚年他曾说过"父母膝下未曾一日承欢"，是他终身最大的憾事。正因如此，他与慈祥的乳母相依为命，感情极深。在乳母的精心照料下，他顺利出了痘疹，躲过了当时无药可医的一场灾难。他的乳母就是曹雪芹的曾祖母孙氏，曹家因此受到皇家几代的恩宠。

祸兮福焉。谁能想到感染天花与他日后登上皇位有着重要的关系？这还要感谢一位德国传教士汤若望。这大哥从明末到清康熙年间，在中国住了47年。曾任钦天监第一个洋监正，官至太常寺少卿。他精通天文历法，各种著述达40多种。他深得顺治帝的赏识，顺治帝经常向他讨教，真是青春期遇上更年期，两人竟成为忘年交。

1661年，顺治帝不幸也染了天花。生命垂危之际，他就皇位的继承问题请教老汤。阿汤哥想都没想就提出由玄烨继承。理由很简单：玄烨已出过天花，有了免疫力，不会再得。而他的哥哥福全尚未出过天花，随时有可能染病，命运难测。所以玄烨不会坑爹，不论亲的还是干的。简单的逻辑瞬间秒杀顺治帝，他也深恐福全面临与自己同样的厄运，加之他原本就喜欢玄烨，于是采纳了老汤的意见。福佑，福佑，果然保佑！

老爹走了，轮到儿子了。雍正幼年时为防出痘，也曾在保姆的护理下居此。雍正元年（1723年）拟把这里分给宝亲王（后来的乾隆帝）作为邸第，不过宝亲王并未迁入，随后就被雍正皇帝改为专门祭祀雨神之庙，俗称"雨神庙"。

乾隆继位后将其改为喇嘛庙，名福佑寺。在后殿内供奉

"圣祖仁皇帝大成功德碑"牌位，祭祀康熙帝。乾隆五十八年（1793年），青海塔尔寺的十七世阿嘉活佛奉旨管理该寺事务。

1919年12月，年轻的毛泽东率湖南驱逐军阀张敬尧的代表团来北平时曾在此暂住。12月22日在此成立毛泽东任社长的平民通讯社。

1927年九世班禅来京，此寺遂改为班禅驻北平办事处，内有喇嘛驻锡梵修，其食用开销由雍和宫拨给。之后凡进京之蒙藏佛教徒常至此朝拜班禅，求其摩顶祝福。1949年后，寺内北面还新建了一组西藏风格的建筑。

历数一下，从康熙、雍正、乾隆，到几位班禅，以及毛泽东都在此居住过，这个地方不能不说是特殊。

万寿兴隆寺

福佑寺的斜对面就是万寿兴隆寺。

该寺位于北长街35、37、39和后宅胡同9号，与北海白塔隔街相望。它始建于明代，最初为兵仗局的佛堂，是供奉兵器的地方，明朝皇帝还经常到这里舞刀弄棒秀上一段。它与中海内专供帝王点将发兵的紫光阁，同为皇室耀武扬威的地方。

到了清代，因为康熙皇帝的生母出生于此，这里兴盛一时，于康熙二十年（1681年）和康熙二十八年（1689年）两次重修，并在康熙三十九年（1700年）改为佛寺，称兴隆寺。临街山门上方雕龙石额书"万寿兴隆寺"五个字，就是康熙皇帝的亲笔。但是到了清末，万寿兴隆寺已经不兴隆了。由于它紧傍着紫禁城，就在西华门外，来去方便，就成了因年老而被从宫中放出来的太监居住的场所，所以一度被称为太监寺。

当时有些权监们为了解决太监们老无所依的惨景，倡导成立了太监的"自养"组织。如"万寿兴隆寺养老义会"，就是由乾清宫督领侍刘钰、副侍萧云鹏等人倡立的，并在南郊置地二百一十亩。

公公们年轻时即将积蓄投入寺中，以备年老之需（有点养老保险的性质了）。寺内存有乾隆二十六年（1761年）"万寿兴隆寺养老义会碑"、乾隆四十八年（1783年）"养老义会题名碑"等，为这段史实的极好佐证。又清末太监信修明在遗著《老太监的回忆》中云："余创立恩济慈保古会于此（即万寿兴隆寺），救济失业太监。"旧时兴隆寺不仅可以停灵、办丧事，还可以寄存"寿材"（即空棺），也是寺里的一项收入。

1949年后，这里是北京唯一还有养老太监的寺庙，由政府供养（这是真保险了），实现了老有所依。其中不乏有学识的太监，留下了有关宫中轶事秘闻的笔记。

现在的万寿兴隆寺虽然还保存着当年山门的旧貌，但内里早已成了居民大杂院，变得杂乱不堪。庆幸的是规制还可寻。殿顶的黄琉璃瓦，房檐下的彩绘，还在彰显着其过去的显赫地位。

寺坐西朝东，规模较大，西至中南海，北至庆丰司，南邻后宅胡同。有房200多间。前殿3间，外额书"显灵尘世"；殿中额书"摩利支天"；后殿3间，额书"兴隆寺"。

民居包围着的万寿兴隆寺山门，上书"万古长春"。

寺内除乾隆年间的"养老义公碑"外，还有米汉雯题写的重修碑记、康熙三十三年（1694年）兴隆寺碑、乾隆三十二年（1767年）献花会题名碑，及清同治、光绪、宣统年间碑多方，只是现多已被毁。

大高玄殿

走到北长街北口，风景这边独好：往西边上了北海大桥，北海和中海一望无余；向北望去则是北海的白塔、团城；东边是筒子河、故宫和大高玄殿，时而可见鸽群在蓝天白塔间盘旋。

大高玄殿位于景山西街21、23号，坐北朝南，占地面积约1.5万平方米，是我国唯一一座明、清两代皇家御用道观。

大高玄殿建于明嘉靖朝。嘉靖皇帝因为堂兄正德皇帝死后无子才有机会得到皇位。他即位后担心两件事：一是体弱多病，皇位坐不久；二是子息不旺，自己死后也会像正德帝那样皇位被别人继承。唯一的解决方法就是修道成仙。

于是，他频繁举办法事，每年焚烧的香烛多达数十万斤；并大兴土木，建造了多处道教神殿。嘉靖二十一年（1542年），他修建了大高玄殿。殿内曾有一座"象一宫"，供奉着黄金铸造的"象一帝君"，此君乃以嘉靖帝为原形而造。

清朝后，因避清圣祖玄烨之讳，改为大高元殿，老百姓干脆简称为大高殿。

大高玄殿门前原有"先天明境"和"弘佑天民"两座跨街牌坊，雍正时又在南面增建了一座"乾元资始"牌坊。三座牌坊都是四柱九楼式。因为立柱石础埋得很深，地面上都没有戗柱，所以老北京有句歇后语"大高玄殿的牌坊——无依无靠"。1956年扩展景山前街时，三座牌坊全部被拆除，其中"乾元资始"牌坊的石匾流落到月坛公园，后来曾被当作石桌（彩图九）。

殿内自南而北依次为琉璃门、习礼亭、大高玄殿、九天应元雷坛，最后为象征"天圆地方"的乾元阁。

"虽然哥一直被模仿，但从未被超越"。一些车友爱在车后印上这样的话以鄙视超车者。我理解这有点阿Q精神，因为真正的高手是不会被超的，低手超了你也没脾气，是不是？扯远了，赶紧回来。其中，习礼亭就是紫禁城角楼的原型，据说它是建筑角楼之前建造的"模型"。不过哥被超越了，因为习礼亭是简体版，而角楼更为复杂。紫禁城西北角楼隔着筒子河与它的"大哥"遥相呼应。

大高玄殿为七开间的大殿，覆以黄筒瓦重檐庑殿顶，梁枋遍施金龙和玺彩画。其蟠龙藻井、云鹤丹陛、木雕神龛等工艺精巧美观，令人叹为观止。

乾元阁，上为象征天圆的攒尖屋顶"乾元阁"，覆以蓝琉璃瓦；下为象征地方的"坤贞宇"，使用了最高等级的重檐黄瓦庑殿顶、五花脊，为京城道观所仅见。由于外形酷似天坛祈年殿，又有"小天坛"之称。四周环护石栏，有御路踏跺。原供奉玉皇大帝，后为清帝祈雨之所。

　　大高玄殿建筑群规模宏大，建筑形制特殊。《长安客话》载明人杨四知《高玄殿诗》："高玄宫殿五云横，先帝祈灵礼太清。凤辇不来钟鼓静，月明童子自吹笙。"

　　同皇城内的许多宫殿一样，大高玄殿也成为近代帝国主

大高玄殿乾元阁，有"小天坛"之称。

义侵华的历史见证。1900年，法国军队在此扎营达十个月之久，殿内建筑遭受严重破坏，神像、供祭器等陈设大多遗失。

上世纪50年代后，大高玄殿长期为军队使用，曾作过中央军委所在地。也正因为军队的驻扎，"大跃进"、"文革"等历次运动中都免遭破坏。

时应宫

中海内的时应宫原是明蚕坛旧址，清雍正元年（1723年）于此敕建祀雨神，系宫廷道观之一。

前殿祀四海、四渎诸龙神像，外悬雍正帝手写"瑞泽沾和"匾额。东西为钟鼓楼。正殿祀顺天佑畿时龙神之像，后殿祀八方龙王神像。

新中国成立之初，此宫尚完整，后因改建中南海，于上世纪50年代被拆除。

永佑庙

城隍是神话中守卫城池的神，属于道家。皇城自然也有自己的城隍庙，这就是位于府右街北口1号和3号的永佑庙。此庙由清雍正九年（1731年）建成，供奉着专门保护皇城的城隍。如今没有了城隍，仅存照壁及后殿，属于自忠小学分校。

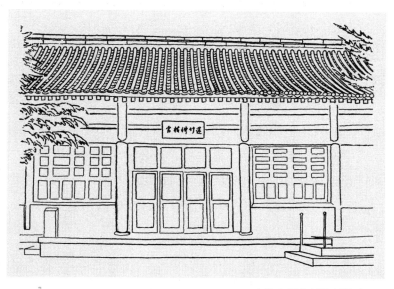

永佑庙是皇城的城隍庙。

大光明殿

府右街西侧的光明胡同，南北方向，修长而宽敞，可以双向错车，这在寸土寸金的皇城中是很少见的。它得名于其西原由炼丹高手明嘉靖帝于三十六年（1557年）建造的皇家道观大光明殿，该殿在清雍正和乾隆年间又得到重建和修缮。

大光明殿的外观类似于天坛祈年殿，不过不是三檐圆顶，而是重檐。初建时，大殿内供奉着玉皇天尊的塑像，天元阁内还有母后的神位。大殿左右两侧建有三星殿、三皇殿、慈佑殿、慈济殿等多处建筑。

据说清初，顺治帝命短，"驾崩"之前，因惦念太子尚小，因而久久不能驾鹤归西，非挣扎着嘱托后事。于是当着众大臣的面，把索尼、苏克萨哈、遏必隆、鳌拜四人唤至榻前，委以顾命大臣，要他们同心同德共同辅佐年幼的玄烨（康熙）打理朝政。那心酸的情形一时令旁观者感动得"内牛"满面。

四大臣临危受命后，为感激先皇的知遇之恩，相约共同来到大光明殿，齐刷刷地跪倒在天尊像前，以首触地"咚咚"山响，并焚香誓曰"苍天可鉴，吾等接先皇嘱托，必定协忠诚、同生死，辅佐幼皇，效衷朝政"等等。一时整得好不热闹，成为大光明殿历史长河中的一朵浪花。

光阴似箭，岁月如梭。之后大清国力日渐式微，大光明殿也随之命运不济。1900年八国联军进攻北京时，由于这里曾作为义和团操练的处所，饱受中国人民抗击之苦的联军，在强盗般地烧杀掳掠一番之后，竟野蛮地将大光明殿付之一炬，殿内自明以来所珍存的12.15万卷《道藏》经版葬身火海。这是对文明的无情践踏！就此，大光明殿之辉煌仅存留于史书的记载之中。

西什库教堂

光明胡同向北经过西安门大街，到达西什库大街路西33号的西什库教堂。

西什库教堂，也称北堂，是北京最大、最古老的教堂之一。教堂名西什库，自然是因为这里曾有过十座仓库（详见第八章内"西什库"）。

康熙三十二年（1693年），皇帝重病，很多太医都无计可施。法国天主教教士洪若翰、刘应关键时刻出手，以奎宁（金鸡纳霜）这种特效药搞定。皇帝特赐西安门内蚕池口（今北平图书馆旧址斜对面）的一块地皮，及"广厦一所"，并在其中建"小堂"以示感谢。教堂名为救世堂，就是现在西什库教堂的前身。

康熙三十八年（1699年），张诚、白晋神父要求将"小堂"改建为"大堂"，许之。四十二年（1703年）"大堂完工"，采用了欧洲的拉丁十字（前臂特长之十字）平面，正面朝南，由法国传教士卫加禄设计。

康熙题有御笔："万有真原。""堂长七丈五尺，宽三丈二尺，高三丈。堂内无明柱，贴墙有半圆柱十六楹，彩以绿色，柱顶雕有花草；柱顶之上，覆有半圆柱十六楹，每柱各高一丈二尺。……堂之前面，镶有'敕建天主堂'五字匾一方。"

在持续了100多年的"礼仪之争"后，雍正帝下令，对天主教徒实施禁令。道光七年（1827年），教堂被清政府没收并拆除。1860年，英法联军入侵北京，清政府战败，被迫同意将教堂重修后归还给教会。

同治三年（1864年）主教孟振生主持在原址重建，仍为拉丁十字平面，正立面两侧高耸起两座高达八丈四尺（26.7米）的塔楼，三层；中部为两层，上层有圆形玫瑰花窗，再上加三角形山花，是典型的欧洲双塔哥特式风格。不过，朝向却是坐南向北。于是有人认为是重建时将原来称为"大堂"的图纸无意间弄颠倒了。

光绪十一年（1885年），慈禧扩建西苑，将蚕池口教堂所在地也纳入苑中。但教堂塔楼太高，又临近皇家禁地，"瞭望指掌，闻其绝顶，竟可窥瞻大内（紫禁城）"；并且教堂的钟声可传入西苑和宫禁，十分扰皇。经与梵蒂冈和法国交涉，教会同意将教堂搬迁。

双方的交换条件是这样的：

甲方：清政府将西安门内西什库三分之二的面积相易并拨银四十五万两供新堂使用。

乙方：教会的教堂须两年内迁完，新教堂不得高过五丈。

所以，西什库新教堂的塔楼由原来的三层改为两层。

光绪二十六年（1900年），义和团运动爆发，躲藏了众多洋人及教民的西什库教堂成了拳民进攻的焦点。在大师兄三德儿的领导下，拳民们敲锣打鼓以必胜者的姿态走向战场。当时的团营中曾经有顺口溜道："吃面不搁酱，炮打交民巷；吃面不搁醋，炮打西什库。"

6月15日傍晚，由端王载漪所率领的一队义和团开始进攻。当时教堂中除了法国教士、中外教徒3 000余人外，还驻有40余名法国和意大利士兵。法、意士兵很快与进攻的义和团展开激战。义和团使用自制的穿屋火龙、炸弹、抬杠等火器，守军则以快枪与之对战。6月17日起，正规军（清军）也参加了进攻。

义和团还挖地道，埋地雷。仁慈堂东部，几乎被地雷削平，最大的爆炸坑深达2米，直径40米，死于地雷的就有400余人。只要一听见铁锄响，守军就恐慌异常，疑心地下有雷，怕自己随时被上帝召到天上去。

但由于缺少粮食，半个月的围困后，教堂内的人员将作役用的骡马和战马都吃光了，还开始食用院内的树皮和野草。守军的副指挥官、指挥官以及教堂的主教陆续战死。

直到8月16日，八国联军攻陷北京后组建了专门的解救队，多国部队动用了山炮、野战炮、机关枪等强力武器。经过半日激战后，武器上的巨大差距使得参与攻打教堂的清兵武卫中军、武卫后军以及庄亲王载勋统辖的虎神营、神机营马步队、火器营炮队作鸟兽散状，许多团民战死，轰动一时的西什库教堂事件终结。整个事件中，义和团和清军被杀死600人以上。

庚子议和后由清政府出资赔偿重修了损毁严重的西什库教堂，形成了目前的建筑群。清廷原先的五丈限高令不能再起作用，重修后的塔楼2.0版便加高一层，成为今日所见之庄严秀丽的北堂。

在1958年的"献堂献庙"运动中，教堂被上缴国家。其内收藏的教会藏书，包括中、日、梵、德、英、法、荷、意、西班牙、波兰、希腊、拉丁、希伯来、佛兰芒、叙利亚、马来、大宛、藏、满、蒙等语种的"摇篮本"早期印刷图书和一批稀见文献，被移交给北京图书馆。教堂所拥有的法国产

Cavaillecoll牌管风琴是北京最大最好的一座管风琴，于1965年以"研究"的名义被中央音乐学院移走，后在"文革"中散失。

1985年国家拨款，重修了大堂正前方的耶稣主祭台和东西两侧的圣母玛利亚和圣父若瑟的祭台。12月24日举行了开堂典礼，恢复了正常的宗教活动。

300余年的坎坷，几经拆毁、搬迁、重建，历经风雨屹然不倒。皇帝、太后、大臣、神父、士兵、拳民、百姓……粉墨登场。开端、发展、高潮、结尾，新旧势力的交替与碰撞，中西文化的排斥与交融，戏剧的一幕幕浑然天成。这就是西什库教堂。在我看来，这是第二段极好的文学与影视素材。它刺向蓝天的尖塔仿佛向人们昭示着北京这座历史文化名城海纳百川、兼容并包的气魄与胸怀！

堂内300根巨柱撑起的金色拱顶、十字架、壁画、整洁的跪凳、吊灯……令人感觉空旷、神圣、庄严和纯洁。

围绕哥特式教堂建筑的是汉白玉栏杆，栏杆和上面的装饰均为传统的中式设计。月台的东、西两侧还各建一座纯正中国血统的黄琉璃瓦重檐歇山顶碑亭，其内安放光绪皇帝手书御碑两统，一中一西，一高一矮，巧妙搭配，令人叫绝。碑亭内侧则是四尊中式的石狮子。形成中西方建筑文化交流

西什库教堂80扇镶彩玻璃的玫瑰花窗总能让人联想到巴黎圣母院。

西什库教堂建筑面积约2 200平方米,钟楼塔尖高约31米。其"哥特式"的风格主要体现在中低边高的总体构图:广泛采用尖顶、尖拱和小尖塔,强调垂直感;所有的窗子都狭窄而细长。

的有趣一幕。

除了主体建筑，西什库教堂还有面积很大的附属建筑群，包括图书馆、后花园、印刷厂、孤儿院、医院以及光华女子中学、若瑟修女会和天主教华北教区主教府。现在它们大多被其他单位占用，只有位于教堂西北侧的若瑟修女会还保留使用。最近有报道声称占用华北教区主教府的北京市第三十九中学已经在酝酿迁出，主教府不日即可归还云云。

旃檀寺

西什库教堂向东，穿过西什库大街可到文津街的305医院。这里原本是清旃檀寺旧址。

明嘉靖十一年（1532年），在虎城（详见第九章，"养蜂夹道"）迤南，将原有的殿宇拆毁，改建为"清馥殿"。

康熙四年（1665年），又将清馥殿改名弘仁寺。供养旃檀佛像于寺之正殿，寺于是又以此像为名，称为旃檀寺，藏语为"大悲寺"。

旃檀树是南亚非常名贵的树种，红色的叫赤旃，黑色的叫紫旃，白色的叫白旃。因香气浓郁，有治病驱蛇毒的功效，而树材又纹理细密，适合雕刻。

佛经记载，公元前6世纪的古印度乔萨罗弥国，因为国王优填思念如来，于是如来佛的十六大弟子之一的大目犍连（他最具神力）就率领32个工匠上天，让每人临摹一相，将具足三十二相的释迦用赤旃檀木雕刻而成，高五尺。

在玄奘游学印度时，这尊刻檀像还在乔萨罗弥国故宫中供奉过，《大唐西域记》里对这尊像也有过记载。檀木刻像成为标准佛像后，中国信徒也模仿优填王典故制作佛檀像。唐贞观十九年（645年）玄奘自印度求法归来，带回七尊印度原像的复制品，其中就有三尊刻檀像。

旃檀寺是藏传的喇嘛庙，佛事活动频繁。每年旧历正月初三日驱邪除祟的"善愿日"大法会，举行"跳布扎"（打鬼）活动。届时，清廷大小官员"翎顶辉煌"前去观礼。成为晚清新年期间的一大盛事。

可惜，光绪二十六年（1900年），义和团在旃檀寺设坛习拳。八国联军破城之后便报复了"拳匪窝点"的旃檀寺。该寺便同大光明殿的命运一样——被毁之一炬，寺中的佛像也就杳无下落了。庆幸的是乾隆帝派养心殿造办处的工匠仿旃檀寺佛像造了一尊复刻版，至今仍保存在雍和宫内。

清末，寺址成为禁卫军营地。民国后又作为模范团驻地。旃檀寺虽然被毁，可这个地名儿保留了下来。1923年冯玉祥将军调京就任陆军检阅使时，检阅使衙门就设在旃檀寺旧址。当时张自忠担任冯玉祥卫队团第三营营长，他带着一家人也就住进了旃檀寺。

新中国成立后，这里一度成为国防部。旃檀寺遂彻底不存。1965年，旃檀寺西大街，因位于国防部之西，取"军爱民"之意，改称爱民街，并将北炭厂并入，由此派生出爱民里及爱民一至四巷。旃檀寺前之胡同曰"旃檀寺"，1965年后亦不存，后并入天庆胡同，成为天庆胡同的北段。

1969年7月1日，在寺址故地建立的中国人民解放军305医院，当时是中央领导的保健机构。周恩来在这里度过了他生命中最后的一年零八个月。邓小平、叶剑英、胡耀邦等都曾在305医院就医。

庆寿寺

西长安街路北的西单电报大楼，老北京人都知道，其营业厅曾为亚洲最大的电信业务综合营业厅。它是20世纪50年代北京"十大建筑"之一，见证了新中国的通讯发展史。

电报大楼的前身，就是被称为"长安分塔"的庆寿寺双塔。

庆寿寺其实并不在皇城内，但它的存在，又直接影响到皇城的规制：为了避让它，皇城的西南缺了一角。

双塔右边的九级塔是元代该寺住持海云佑圣国师之灵塔，左边的七级塔是其弟子继任住持可庵大禅师之灵塔。塔内安放的是塔主的骨灰。

早晨太阳似出未出之时，站在西单牌楼东南角老长安戏院门前的位置向东看，会看到两塔一在路南，一在路北，分而立之。此时，由西向东走，临近塔的时候再看，两塔却都在路北的庆寿寺内，而且挨得很近，仿佛长幼相依。

这个由光学作用造成的景象因地处西长安街而被称为"长安分塔"，属"燕京十景"之一，享誉于世。

双塔寺本身因一出名为《四进士》的戏而为北京戏迷们所熟知。戏中，四名明代赶考人在寺中结义发誓："上报国恩下救黎民；绝不枉法渎职，徇私舞弊，贪赃卖放；若违誓言，买棺木一口，仰面还乡。"并在寺内悬匾铭心。但是，后来其中三人毁誓收了贿赂，为此他们被升了官的第四人审讯。

据说梨园名宿李洪春老先生，昔日专程至双塔寺寻访此事，曾亲见此四进士题名匾，四名赶考人之一的刘题被写作刘提。或许毛朋、田伦、顾读、刘提四进士，史上确有其人；且在寺中结义盟誓，悬匾铭心亦实有其事。当年马连良先生为演好此戏，亲赴天津拜孙菊仙为师，始得孙氏真传，故其演出水平不同凡响，成为马派的代表剧目。

此寺创于金章宗时。它的位置恰与元大都南城墙相重叠。建大都时，元世祖特命避之，此寺始得保存。

《日下旧闻考》记载，当年此寺"壮丽甲于京都诸寺"。姚广孝佐燕王称帝，堪称成祖之第一功臣，然而他谢绝一切封赏，晚年退居庆寿寺，最后于寺中"趺坐而逝"。正统年间，太监王攘重修之，易名大兴隆寺，又名慈恩寺。嘉靖间一度废为射圃和演象所，后重建双塔，遂名双塔寺。

塔旁有井，明鼎革时大学士范景文于此殉国。历代文人多至此寺游览，故题诗甚多，例《双塔寺》："帝城西望郁崔嵬，雁影联翩般若台。灵凤乍扶双仗出，巨鳌遥驾二山来。摩空法界参差现，转日慈轮次第开。圆寂自应通觉海，海中杂毒并难猜。"盖海云禅师之语录曰《杂毒海》也。

上世纪50年代中期，在扩展长安街的工程中，庆寿寺与双塔都被拆除，"长安分塔"的奇景也就随之永远地消逝了。后来，在寺址上盖起了电报大楼。

对于双塔寺的拆除，梁思成先生痛心不已。他曾提出建

庆寿寺双塔,1901—1910年间,东南向西北摄。

在庆寿寺原址建起的西单电报大楼,曾是北京"十大建筑"之一,已变成如今的中国联通营业厅,同样为东南向西北摄。

立交通环岛予以保留的设想，可惜也未能实现。

旧日北京俗传，东城无塔而西城有五塔，即白塔寺塔、琼华岛白塔、砖塔胡同的万松老人塔以及庆寿寺双塔。今西城亦仅剩三塔矣！

双塔拆除后，两高僧骨灰被移至西四广济寺。

八
······················

皇家的齿轮

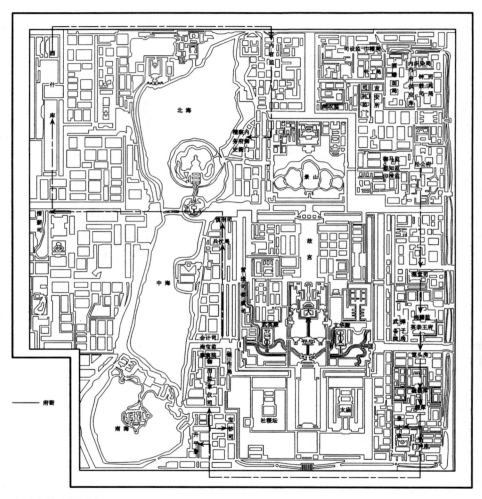

皇城内的府衙署库。

皇城里官味重。形形色色的王府、署衙、机构、库作自然是不可缺少；它们的总目标一致，都是为当朝天子服务，而不像现在反过来市长都是为市民服务的。

由于中有紫禁，西有西苑，府衙署库在皇城的分布只能位于东北、东南、西南、西北四处角落。看似不经意，实则显示出某些刻意的秩序。它们不仅布局上有规划，功能组合上也有秩序，犹如一台机器上的各个零件，没它还真不行。

可如果要把所有的府衙署库都讲一遍，一来篇幅太长，大家时间都很宝贵，您能耐着性子看到这里我已经很感激了；二来前辈高人已有专论，没必要让大家白花银子重读不是？且跨越两朝，有沿袭，也有增删。为不让大家看着乱，我尽量厘清说明。希望这道烩菜您吃得满意！

二十四衙门

明皇城内有很多机关单位，最著名的算是二十四衙门。何为二十四衙门？二十四衙门今居何处？

紫禁城中的三宫六院是为皇帝服务的。皇城中的二十四衙门则是为紫禁城服务的，它们中绝大多数是为皇宫内院服务的后勤单位，一般由太监掌管。

林志钧为《燕都丛考》所作的序言中道："北京地名凡某库、某司、某监、某局者，皆有关史乘。居今日而知数百年前，某时代之有某机关，并知其适在某地，宁非事之至有趣味者。"

首先是十二监。

司礼监：秘书处兼中央情报局兼皇城事务管理处。黄化门街南侧的吉安所右巷一带，是其所在，以前就叫司礼监胡同。

司礼监在二十四衙门中权力最大。司礼太监对于皇帝，不是简单的"陪你说说话，陪你聊聊天，陪你唠唠嗑"。某些气场强的，他们简直就是皇帝的代言人，如太监王振、刘瑾、魏忠贤等。另外，《新龙门客栈》中的曹少钦，也当过司礼监的掌印太监。当然他们也不绝对全是坏人，勇于陪崇祯皇帝上吊的王承恩也是司礼秉笔太监。

御用监：办公设备采购办公室。清顺治时的十三衙门亦有御用监，康熙即位后裁撤，改设广储司，属内务府。

内宫监：皇家工程局兼大型物流中心。掌管着"木、石、瓦、土、塔材、东行、西行、油漆、婚礼、火药十作及米盐库、营造库、皇坛库，凡国家营造宫室、陵墓并铜锡妆奁器及冰窖诸事"。大航海家郑和就曾任内官监的掌印太监。

恭俭胡同是内官监所在地。内官监的"十作"是10个作坊，恭俭胡同附近不少胡同的名称都与这些作坊相关。

米盐库，"盐"讹传为"粮"，在今米粮库胡同。

油漆作，在油漆作胡同。油漆作自然就是管理各类油漆。现在的人们讲究环保，尽量少用它。可在古代，建筑装饰少不了它。为了避讳天启皇帝朱由校的名字，油漆作曾被改为"漆作"。

大石作和小石作，在大石作胡同。石作负责制作各种建筑石材。这里靠近皇宫，天启年间重建三大殿时，在皇宫外边的护城河岸边堆满了石材石料。大型石材从产地直接运进紫禁城，再由大石作的石匠去现场雕琢；小型石件就在小石作里雕琢完成，再用马车运进皇宫。

御马监：皇家马匹管理所，可以简称为明代的"皇马"。表面上看相当于现在的司机班加大型动物管理处。但不要被表面的现象迷惑了，因为神马不是浮云。它可以和兵部共执兵权，同时管理草场（马也要吃饭不是？），进钱有保障；它还是一只战斗力极强的部队，兼具安保的重任。最牛掰的是，"北京保卫战"中，大部分明军都成了缩头乌龟，它能罕见的出击瓦剌军，和真皇马一样采用进攻型的踢法，让正规军情何以堪呀！所以实力不可小觑。

钱宁本是御用监太监钱能的奴才。主人死后，他执御马监后掌锦衣卫。明武宗喜欢玩马，常来御马监，钱宁也由此权极一时，加上有左右开弓射箭的绝技，颇得领导的欢心。明武宗喝大时，往往枕钱宁肚腹大睡。大臣们看见钱宁出来，就知道皇帝已经起床了。

《龙门飞甲》中陈坤扮演的雨化田，他的原型是臭名昭著的太监汪直，就当过御马监的CEO。

司设监：日杂百货商店。在黄化门街以北的慈慧胡同。如今的帘子库胡同就是当年储存门帘等物的仓库。虽然被公认最为烦琐，但也不是没盼头。参与"南宫复辟"的曹吉祥就是这里混出来，升到司礼监的。

尚宝监：公章管理处。

神宫监：皇帝的祭祀、扫墓事宜。为皇上服务是公公们应该做的，但能为皇上的老子和老子的老子们服务才更荣幸，就是要长期外派且地方远点位置偏点——昌平十三陵区。

尚膳监：食堂，只为皇帝服务的。《鹿鼎记》中海大富和韦小宝的职位，实际上不是清代的，而是明代的。

尚衣监：置办皇帝的一身穿戴。在今黄化门街以南的碾子胡同。

印绶监：档案管理处。

值（直）殿监：打扫卫生的，皇家物业公司。本监是干粗活累活的，被认为最累最苦最不受待见。最惨的是没有行政办公大厅和公署，以实践证明了某些工作不用非到单位来坐班一样可以为领导服务。

都知监：掌管皇帝外出时的保卫工作。本监清冷寒苦，难有晋升机会，和值殿监难兄难弟有一拼，被看作是下下衙门。

其次是四司。

宝钞司：不是印钞的，而是制造草纸，说通俗点就是上厕所用的手纸。当然，皇帝专用纸质量要好得多，是内宫监专门制作的。该司地处西华门外南花园。如果是宫女妹妹用的，就是"妹纸"。

钟鼓司：报时台加鼓乐队。黄化门街东边的钟鼓胡同是其旧址。它还有项重要功能，养着数百名太监艺人，自制二尺余高的无脚木偶用以表演，点播率较高的剧目有《八仙过海》、《七擒孟获》、《三保太监下西洋》、《孙悟空大闹龙宫》、《农夫耕作》、《官吏征税》等。有些剧情极尽世间骗局丑态及市井无赖状。史籍说魏忠贤侍候天启皇帝看戏时，每逢演到疯和尚骂秦桧，他就会"避而不见"。

另一项重要任务是遇到日月食时要击鼓驱赶"天狗"。

混堂司：大型洗浴中心。司长就是送水工头。

惜薪司：能源集团加热力公司。西安门大街路南的惜薪胡同是其旧址。莫道薪事小，无柴冬难熬。乾隆年间，甚至实行过宫中用炭限量供应。皇太后每月供炭120斤，皇后80斤，皇贵妃75斤，皇子、公主每月仅供30斤。惜薪司，即珍惜薪炭、节约用度之意。

明朝有一种红色箩筐包装的高档木炭，称为红箩炭，西什库大街北边的大红罗厂街，就是当时贮存红箩炭的场所。发生在这里的"红罗厂事件"是一段不应忘却的纪念，是真实版的《十月围城》。吴修龄有一副挽联"个人肯为同胞死，一弹可当百万师"，形象地赞颂了彭家珍舍生取义的崇高精神和刺杀良弼加速清朝灭亡的历史壮举。

最后是八局。

兵仗局：铁匠铺和兵工厂，又有"小御用监"之称。据《酌中志》记载：兵仗局掌管造刀枪、剑戟、鞭斧、盔甲、弓矢等各种兵器，以及宫中乞巧小针并御前铁锁、针剪之类。旧时每逢日月食，都要敲铜打铁以救日月（钟鼓司的活）。这些锣鼓响器、做法事的钟鼓等，也属兵仗局制造。

当时兵仗局占地宽广。入清以后原局荒废，逐渐变成后来的一条大道和头条、二条、三条、四条、五条、六条分支。

兵仗局下设火药司，但它的职能说法不一。《日下旧闻考》载："火药局，即兵仗局之军器库也。"《明宫史》则记载："火药局一处属之宫中。元山上鳌山顶之灯。"

按后一种说法，它应该是制造烟花爆竹的。这也与它靠近玉河，便于扑救火患的位置相符。但1969年挖防空洞时，曾在此处挖出多种兵器，这似又与前一种说法相符。

火药局胡同乾隆时已得名，宣统时称火药局。1965年整顿地名时又改回火药局胡同。"文革"中一度称青春胡同。

这条胡同呈东西走向，西端南折。东起火药局六条，南止北河胡同，北与火药局头条、二条、三条、四条、五条相通。

巾帽局：帽子工厂，专为太监、王府及驸马府的随从人员制作头巾靴帽。帘子库胡同东边的东板桥西巷为其所在地。

针工局：服装工厂，为明代太监们制作服装，也制作宫廷举办法事需用的幡旗帷幔等物。黄化门街北的锥把胡同是其所在。500年后，这里如出一辙地成立了景山服装厂。1971年，17岁的李成儒走进厂里当了一名学徒工。又过了30年，全国人民都知道了《大腕》中的"不求最好，但求最贵"。

内织染局：纺织集团。总部位于织染局胡同。现在海淀区的"蓝靛厂"就是当时它的下属单位——颜料基地。这局不错，待遇高、福利好，还能赚外快。

织染局胡同5号院为华严寺，本是局内太监所立的佛堂。清初重修，改称华严寺。现在是织染局小学。1923年6月，国学大师王国维出任清逊帝溥仪的"南书房行走"时，搬入织染局10号（后为29号），在此住了将近两年的时间。

酒醋面局："开门七件事，柴米油盐酱醋茶"，公公们也不例外。其职能类似于现在的二商集团。这个局长名副其实，因为他管的是酒局。东板桥东巷的兴隆寺，前身就是酒醋面局的佛堂。

司苑局：种植花花草草，相当于现在的园林绿化处，还可以光明正大地"偷菜"。

浣衣局：洗衣房。宫人若老病残，发此局听其自毙，以防泄露宫廷内事（够狠的吧）。此局在皇城外的德胜门内。

银作局：打造金银饰品，其成本完全不受国际金价市场和中国大妈们的操纵。某年明熹宗赶上"钱荒"，便把宫中的银瓮、盎、鼎等重器拿到银作局铸银。

二十四衙门列表

二十四衙门	职　　能	现　地　址
司礼监	"皇城内一应仪礼刑名"、"关防门禁"、"照阁票批朱"	吉安所右巷10号
御用监	凡御前所用之围屏、摆设、器具，皆由此监取办	西华门大街以南，南长街以西
内宫监	所管木作、石作、瓦作、婚礼作、米药作、米盐库、营造库、皇坛库、里冰窖。凡皇宫营建，御前所用铜、锡、木、铁之器均为其监所管	恭俭胡同

二十四衙门	职　能	现地址
御马监	凡象房、草厂、马房之部皆管之	沙滩路口西
司设监	掌卤簿、仪仗、帷幕、褥垫、凉席等	慈慧胡同
尚宝监	掌御用宝玺、敕符、将军印信等	北京一六一中学（北校区）
神宫监	掌皇帝祭祀之事	十三陵区
尚膳监	掌管奉先殿祭祀所用之膳品及皇帝每日用餐	民政部
尚衣监	掌造御用冠冕、袍服、靴袜之事	碾子胡同
印绶监	掌古今通集库并铁卷、诰敕、印信、图书、信符诸事	西老、中老胡同
值殿监	打扫皇宫卫生等	
都知监	掌管皇帝外出时的保卫工作	景山后街
宝钞司	抄造草纸、每岁进宫中备宫人使用	西华门外南花园
钟鼓司	掌出朝钟鼓等	钟鼓胡同
混堂司	掌洗澡堂子、洗澡用水等	北池子小学以北
惜薪司	掌宫中所用柴炭及二十四衙门、山陵等处柴炭	惜薪胡同
兵仗局	掌管造刀枪、剑戟、鞭斧、盔甲、弓矢以及各种大小铜铁器	中国佛教文化研究所以北

二十四衙门	职　　能	现　地　址
巾帽局	掌管内官、长随，内使之平巾官帽	东板桥西巷
针工局	掌内官、长随、内使之冬衣夏衣	锥把胡同
内织染局	掌造御用及宫内应用缎匹绢帛之类	织染局胡同
酒醋面局	掌内宫宫人食用酒、醋、面、糖等	国旺胡同
司苑局	掌宫中诸处蔬果及种艺之事	嵩祝院北巷
浣衣局	浆洗宫中衣物等，又名"浆家房"	皇城外德胜门内
银作局	掌管制造金银饰品	中海福百货商店左近

内府供应库

明代的内府供应库可以简称为"内库"，"专司皇城内二十四衙门、山陵等处内官食米"。所以它应该算是二十四衙门的粮食局了。不过除了粮食外，它还负责管理宫廷的库房，比如瓷器库、缎库、蜡库（御用黄蜡、白蜡）等。

它还有一项重要的任务是给每晚巡视皇宫所需的路灯提供燃油。

明"内库"入清之后废弃，清称原所在地为内府库或内府大街。民国初年京兆尹薛笃弼将"内府"谐音为"纳福"，取吉祥之意。"文革"中，纳福胡同称鼓舞胡同，后恢复原名。

蜡库所在的腊库胡同，北起后局大院，南至嵩祝院西巷。这里曾设"蜡库衙门"。胡同的南半截儿，负责做蜡，北边就是库房。胡同对面的铁匠营胡同就是专门制作制蜡模具的地方。徐志摩、高君宇等人都在腊库胡同居住过。解放战争平津战役期间中共地下党的电台就设在腊库胡同49号。新中国成立后，"蜡库"改称为"腊库"。现在胡同的南边一部分成了大同驻京办事处。

吉安所

位于景山东街吉安所右巷10号，明时这里是司礼监署所在地。

清撤销司礼监后，此地改为吉祥所。《京师坊巷志稿》载："吉祥所：凡宫眷薨逝，殡于此。"按满清制度，嫔、贵人、常在、答应及宫娥秀女亡故，立即移至吉祥所棺殓停灵，按品位治丧。民国初年，吉祥所改名为吉安所，大概取吉祥安葬之意。《宸垣识略》言"吉安所，即明司礼监廨"。

吉安所原规模已不可考，从《北京历史地图集》看，并未占用司礼监的全部建筑。从规制上看，吉安所同司礼监署有明显区别，但为宫眷停柩，也是皇家用房，等级远高于家奴办事之处。因此，吉安所在改变用途的时候必然经过改建或重新装饰。

吉安所的用途可资参照的是明代的安乐堂、净乐堂。据《宛署杂记》载，安乐堂在北安门内，有屋数楹，宫人没有名称者，身故则不赐墓，先送至安乐堂，然后到北安门外停尸房（北安门外墙下），易以朱棺，礼送之净乐堂火葬塔井中，莫敢有他者。此处的安乐堂同吉安所的功能相像。前者在地安门内大街东侧，显然也是从功能方面考虑选址。人皆有生死，这也是宫廷生活中不可或缺的一个组成。

1924年溥仪被逐出皇宫后，张作霖大帅手下人成立了官产局，将吉安所大院连同四面的红墙一起出卖，从此这里成为民宅。由于这里距北京大学很近，一些学生在这一带租房子住。新中国成立后，聂荣臻元帅曾在此居住。

弹子房

明代设有弹子房，地点在东华门外，大致是现在的刘诗昆钢琴艺术中心一带。弹子房中放的不是现在赌博用的弹子机，而是各种弹弓、弹丸。弹弓种类多，弹丸一般为泥丸，其大小轻重，也各有不同，总有一款适合您。弹丸都用黄布袋装着，皇帝要开弓时，太监们立即呈进使用。

武宗朱厚照好玩弹射，而且技艺不错。有首诗描述说："黄旗飘飐凤城开，回鹘新装小队来。马上高弹白翎雀，十三弦底隐春雷。"这种活动简便又不受场地条件限制，而且所需膂力远比不上弓箭，这对于皇帝来说当然是一种很有吸引力的健身游戏。

崇祯皇帝很单薄，在繁忙的政务之余，也喜欢show上几把。他的技艺也并不逊于武宗。有一次，崇祯在西苑游玩，虽然没有射下大雕，但几发倒也射下两只小鸟，一旁侍从习射的宦官立即庆贺，山呼万岁。

篦头房

弹子房的马路对面是篦头房，在现在的某烤鸭店一带。

负责后妃、皇子、公主等人的美容美发。凡皇子、皇女诞生，到满月剪胎发（一定不用像现在的胎发纪念品一样价格没谱）。百日命名后，便按期剃发，称作"请发"——请您理发！

皇史宬

从东华门大街向南直到南池子大街16号即是皇史宬。皇史宬又名表章库。"宬"，音成，本意为皇帝的藏书室。"皇史宬"就是明清两代保藏皇朝圣训、实录、玉牒、《永乐大典》副本（正本在紫禁城文渊阁）及《大清会典》等重要书籍和档案的处所。

皇史宬的使用功能、建筑形式和设计意匠都反映了我国汉代便有记载的"金匮石室"的做法，即"以金为匮，以石为室，重缄封之，保慎之义"。据说这样有五奇：一可防火，二可防盗，三可防潮，四可防虫蛀，五可防鼠害。

明弘治五年（1492年），大学士丘濬向皇帝建议，"于文渊阁近便去处，别建重楼一所，不用木植，专用砖石垒砌为之"（《明实录·孝宗弘治实录》）。在上层以铜柜贮藏历朝实录和国家的重要文献，下层以铁柜贮藏诏册、制诰。

但这一合理化建议直到嘉靖十三年（1534年），经历了

"苦难皇帝"朱祐樘、"玩闹皇帝"朱厚照，到"炼丹皇帝"朱厚熜才实现。可见执行难自古以来就是令决策者们头疼的问题。这是炼丹皇帝任内，除了大高玄殿、太庙（重修）、日坛、月坛、地坛、历代帝王庙等，留下的又一座全国重点文物保护单位。皇史宬历史上也屡经修缮，有记载的包括明隆庆和清嘉庆朝。

据说当年正殿的额匾由嘉靖亲自书写。本来定名为"皇史藏"，大哥一不留神，将"藏"字写成了"宬"，正打算重新写过之际，一旁伺候的马屁大臣张璁却大为称赞"写得好，写得好！"因为据《说文解字》解释，"宬，屋所容受也。"于是歪打正着地沿用了这个名字。

建筑群坐北朝南，共两进院落，包括两座随墙琉璃外门、一座琉璃三券式大门、正殿、东西配殿及清代的御碑亭。大门构件、石须弥座、石栏杆还保留着明代的风格。

说也奇怪，嘉靖年间故宫屡屡失火，连皇后都葬身火海。盘剥百姓太重的"家净"皇帝修了这座防火性能极好的石头房子后，倒得了福。明末文渊阁失火，《永乐大典》正本化为灰烬，副本却躺在这里安然无恙。这招，高，实在是高！

正殿建在两米高的台基上，为砖石复合券结构，故堪称"石室"。由于不用木梁和一切木构件，所以又称"无梁殿"。

殿内铺设一几乎与殿基同大的汉白玉石须弥座，石座上陈设152个镏金铜皮樟木柜，即"金匮"。柜高1.31米、宽1.34米、厚0.71米。殿及柜的合体即"金匮石室"。

正殿东侧的御碑亭，内有清嘉庆十二年（1807年）御制重修皇史宬碑一通。

"皇史宬"是中国古建史上的一朵奇葩。黄瓦红墙上下交映，彩绘描金相互争辉，秀丽庄严互为映衬，明快大气彼此补充，是全国现存唯一的历史性、艺术性、科学性、实用性四者兼备的档案库。

皇史宬十分开阔。因为古人有个习俗，每年农历六月六

皇史宬大门内现为民居，门上贴的字让参观者去北门。

日，要晾晾东西，认为这一天晾晒的东西一年都不会被虫蛀。管理皇史宬的太监们在当天要把库存的书籍、档案拿到院里晾晒。大院子派上了用场。

现今的皇史宬成了展览馆，展品以中国第一历史档案馆所藏一千万件明清档案中精选出来的珍品为主。

北门紧闭，透过厚厚的大红门，只能远观正殿一隅。

西什库

明代的西什库地区是为满足皇家御用需要于正统年间修建的仓库，主要有十座。地名因此而得。

这十座仓库是：甲字库、乙字库、丙字库、丁字库、戊字库、承运库、广盈库、广惠库、广积库和赃罚库。里面存放着全国各地运来的各类贡品。

甲字库放浙江等省的药材，有乌梅、靛花、黄丹、绿矾、紫草、五倍子等。乙字库放各类纸张。丙字库放浙江等省的本色丝绵、合罗丝串、五色丝和山东、河南、顺天等府进贡的棉花绒。此库存放的丝绵主要用于内官之冬衣、军士之布衣。丁字库放生漆、桐油、白麻、黄蜡、牛皮、鹿皮、鱼胶等，以备御用监、内官监等处取用。戊字库放河南等省运来的盔甲、弓、箭、刀等武器。承运库放浙江、四川、湖广等省出产的黄白生绢，"以备奏讨钦赏夷人，并内官冬衣、乐舞生净衣等项用"。广盈库放各色平罗熟绢、杭纱、青细棉布。广惠库放彩织帕、梳拢抿刷、钱贯纱锭之类。广积库放火药，用于京师春秋操演。赃罚库放罚没官之衣物等（《明史·职官志》）。

前九库从北皇城墙西北角一直排至临近西安门大街，赃罚库在今爱民街一巷一带。

西北城墙把角还有一座司钥库，贮各衙门的备用钥匙及官钱，不过也有人说这座库是十库的总理。

明后期巨阉魏忠贤曾任甲字库掌库，他得势后指派爪牙李宗政为十库的"库头"，他自己则作库头之头。明亡后，十库被封存，清康熙年间重新开库检查，尚有不少库存。乾隆年间将十库并为三库，但名称未变。后来逐渐无人过问，常年封存，尘土堆积，库房也就由此破败。

民国后，十库所占之地逐渐为机关、医院、学校使用，是皇城内风貌变化最大的区域。原十库旁的通道被开辟为大街，先后被称为西什库、西什库夹道、后库等。1965年称西什库大街。

如今的西什库，进驻了尚8文化创意产业园，在文化大发展大繁荣的今天，被赋予新的内涵。

洗白厂与果园厂

西什库向东行，到达西安门大街以北断头的真如镜胡同。这里明时为洗白（帛）厂、果园厂，属御用监。洗白厂即绦作，"织造各色兜罗绒，各色五毒等绦，花素勒甲板绦，及内官司长随、小火者牌穗绦"。果园厂不是卖水果的，是制造漆器的，"以金银锡木为胎，有剔红、填漆二种"。

入清以后，洗白厂、果园厂倒闭。果园厂成为内务府人役的居所。据《日下旧闻考》记载，洗白厂原址有座真武庙，庙内亦有"万历癸巳修洗白厂绦作碑"，并云"初绦作置公廨一区于果园厂前，机作等房俱聚于此，后择果园厂隙地建此绦作。是洗白厂、果园厂俱在此地无疑"。后来讹变成了真如镜庙，"内有隆庆戊辰御用监造厂碑记"。所以清称真如镜，民国因之。1965年定为真如镜胡同。

内务府

时间一晃到大清。为革前代宦官专权之弊，清开始精简机构。顺治初年（1644年），管理皇家事务的部门由二十四衙门变成了内务府。十年后，仿明制改内务府为十三衙门。又过了七年，"裁撤十三衙门，收阉官之权归至旗下"，改回了内务府。以后太监均属内务府管辖，有犯禁者，内务府有权"先行锁拿"。

中国历史上，汉、唐、明三大统一王朝均有宦官之祸，有清一代只有慈禧掌政时期出现了安德海、李莲英两个宠侍，但其权势去汉、唐、明远矣。究其因由，内廷之掌在内务府而不在宦官。1911年辛亥革命后，废帝溥仪仍居宫内，内务府也得以保留，直至1924年他被驱逐出宫为止。

内务府是典型的大部制，直属机构有七司三院，即广储司、都虞司、掌仪司、会计司、营造司、庆丰司、慎刑司，上驷院、武备院、奉宸院。还有30多个附属机构，如三织造处、三旗参领处、掌关防处、御药房、养心殿造办处、黄武殿修书处、咸安宫官学、景山官学等。其中造办处设有炮枪处、油木作、玻璃厂、盔头作（属升平署的）、灯裁处、铸炉处、舆图房、金玉作、匣裱作、做钟处、鞍甲作、铜铍作等各类官办作坊60余个。"样式雷"就隶属内务府造办处。

广储司：管理大大小小的物质生活资料。下设六库、七作、二房。六库即银、皮、瓷、缎、衣、茶库，七作即银、铜、染、衣、绣、花、皮作，二房即帽、针线房。还有织染局、绮华馆等机构，江宁、苏州、杭州三织造亦隶属广储司。曹雪芹就出自江宁织造之世家。

缎库位于缎库胡同。这条胡同呈东西走向，东端多曲折。西起南池子大街，南止北湾子胡同，东邻南河沿大街，北与普渡寺前巷相通。胡同在明代乃小南城的一部分，后为睿亲王（多尔衮）府（详见第七章，普度寺）。多尔衮殁后，府邸南部改为缎匹库，用来储存皇家的绸缎、布匹、棉花等。后来缎匹库废弃，留下了地名。宣统时称缎库。民国后沿称。北洋政府外交总长蔡廷干，晚年宅在此处。1965年整顿地名时将缎库前巷、缎库后巷、迎祥里、迎青里、鸭蛋井并入。"文革"中一度改称葵花向阳路十条，后恢复原名。

值得一提的是，缎库胡同先后居住了两位北京大学的校长：胡适和汤用彤先生。

先来的是胡适。就像他漂泊的一生一样，胡适在皇城内有过多处居址，可能是住所最多的文化名人之一。1917年他从美国回国后到北大任教授，还是个二十几岁的年轻人。1918年元宵节的前夜，他在南竹竿巷的住宅被盗了，虽然失物不多，但让他觉得那个地方不安全，而且房子又破又旧，就想另觅新居。于是他在缎库胡同8号找到了一处房子，房租也不贵，每月25元，胡适3月30日就搬到这里了。6月11日他的妻子江冬秀来京与他团聚，两人过起了甜蜜的新婚生活。

1918年8月，毛泽东第一次来北京，曾到缎库胡同拜访胡适，两人谈到了出国勤工俭学和湖南的话题。胡适在日记里有"毛泽东来谈湖南事"的记载。毛泽东和斯诺谈到这一情形时："那时候我也遇见了胡适，我去拜访他，想争取他支持湖南学生的斗争。"

后来，胡适家搬到了陟山门街6号。这里离北大稍远，但庭院气派，房子宽敞。院中有游廊，厨房有机井，最主要的是，有足够的空间存放他日益增多的藏书。但我问遍了老居民和邮递员，都不知道有个6号，看来是早被拆了。

汤用彤一家是从1931年开始搬到缎库胡同居住的。那一年，汤用彤到北京大学任教。这是一座南北向的院子。

院门里一座大影壁，影壁的右边是一间小房子，家里的车夫就住在那里。小房子旁边有一座月亮门，门里是南院。南院有房子三间，还有库房。从南院有一道门直通正房。正房北面是七间，东面是三间，西面有三间，房四周还有游廊。正房后有一座二层的小楼，楼上有三间房，楼下是大厅。

小楼的后面是后院。后院的门牌是缎库胡同6号。1939年汤用彤一家卖掉了缎库胡同的宅子，举家南迁了。

磁器库位于磁器库胡同，东起南河沿大街，西止磁器库南巷，北与磁器库北巷相通。这里本是明朝东苑的东路建筑洪庆宫的膳房和库房。废弃后，成为清人专门存放磁器的仓库。据《日下旧闻考》载，原来胡同口还有一对石狮子，胡同中的房屋全部用黑色琉璃瓦覆顶。这是因为五行之中，黑色主水，库房怕火，而水克火，所以用黑色琉璃瓦防火。

民国称磁器库。磁器库胡同中有南北两条死胡同。清末民初，偏南的一条原为"辫帅"张勋住宅。不过在熊熊火光中，宅院和他导演了12天的复辟闹剧一样化为了灰烬。后人在被称为"火场"的废墟上建成几处四合院式住宅，遂形成南巷，原张勋住宅已无考。民国三十六年（1947年）称磁器库南岔，1949年后沿称。1965年整顿地名时改称磁器库南巷。

都虞司：人事管理处（保卫干部的选拔）及钓鱼。两者似乎风马牛不相及，不过在某种意义上是相通的——都符合"愿者上钩"的精神。

掌仪司：人事管理处（太监的考核）及祭祀典礼。

会计司：收房租的。

营造司：房管科。

初名"惜薪司"，顺治十八年（1661年）改为"内工部"，康熙十六年（1677年）始改为"营造司"。每年派总管大臣一人管理。各宫殿、园庭除重大工程会同工部办理外，寻常岁修工程小打小闹，都由该司承办。分别定保固年限。紫禁城沟渠，每年二月淘挖一次，城上之草，每年三伏及十月各拔除一次。

营造司管有屯地，分灰军、炭军、砟军三项，每年额征青白灰、砟煤、木料、草束等物。它下设七库三作。七库是木、铁、房、器、薪、炭及圆明园薪炭库，分储木、铁、砟（小的石块、煤块等）、石、瓦、薪、炭及其他器物。三作是铁、漆及炮作。掌制造铁器、油漆、裱糊、花炮等物。与营造司有关的单位，还有官房租库及总理工程处。

庆丰司：司长不是卖包子的，而是大牲畜管理处的处长。

慎刑司：法院——上三旗的。

上驷院：清代的"皇马"。

武备院：兵工厂及五金制品加工场，下有北鞍库、南鞍库、甲库、毡库。相当于明代的兵仗局。

奉宸院：皇家公园管理处。

内务府列表

机　　构	职　　能	现　地　址
广储司	掌内府库藏	
都虞司	掌内务府武职官铨选及畋鱼之事	西华门以北，北长街路东
掌仪司	掌内廷礼乐及考核太监品级	中山公园西墙外
会计司	掌内务府出纳及庄园地亩之事	原在房钱库胡同，后至北长街会计司胡同
营造司	掌宫廷修缮工程	西华门以北，北长街路东
庆丰司	设员同掌仪司掌牛羊畜牧之事	刘兰塑胡同2号院
慎刑司	掌审谳上三旗刑狱案件	北长街北口路西
上驷院	掌御用马匹	北大妇产儿童医院以北
武备院	掌制造与收储伞盖、鞍甲、刀枪弓矢等物	东华门街道办事处环卫所一带
奉宸院	掌景山、三海、南苑等处的管理、修缮	西华门大街西口路北

松公府

北起嵩祝院，南至沙滩后街的地方，明代这里为御马监。现在《求是》杂志社教育楼的位置上原建有一座"马神庙"，祠内一大钟上铸："正德十年铸，御马监马神庙供奉。"

清乾隆十五年（1750年）后，今《求是》杂志社办公院西门一线往北至嵩祝院，全部为一等忠勇公傅恒的宅第。这块宅基地非常之大，包括了后面要说到的北京大学地质馆旧址、子民堂、民主广场（详见第十章）等。

傅恒是乾隆孝贤纯皇后的弟弟，乾隆子成亲王又作了他的女婿。两代联姻，亲上加亲。他的家族位列清朝"四大家族"之中，但由于他的家族成员几乎掌握了当时大清的所有兵权，所以居"四大"之首。

二十一世纪什么最重要？人才。清代也是一样。傅恒就是人才的代表。

乾隆十四年（1749年），他受命平定大小金川。因行师艰难，困难重重，乾隆有意班师时，傅恒坚决请求继续进军，终获全胜，在军中被封为一等忠勇公。还师后，赐今沙滩建"一等忠勇公府"。

在乾隆皇帝自诩最终完成大清统一的十全武功中，发生在傅恒任首辅期间的就有五次。

除武略外，傅恒在文韬上也很有造诣。他曾奉命与满汉儒臣重定满文十二字头，为汉人学习满文时正确发音提供了方便。他还主持创制了三十二体满文篆字，参与创立了"新满文"，对保存丰富的古代碑铭石刻档案资料发挥了重要作用。

就算大家对傅恒仍不熟悉，但他的儿子今天绝对比老子出名。他的次子福隆安，也就是电视剧《还珠格格》中所谓的"福尔康"。17岁时娶乾隆的四格格、15岁的和嘉公主为妻。皇阿玛乾隆皇帝专门修建了公主府（今人民教育出版社所在地）。婚后八年，年仅23岁的公主去世。福隆安也算一个居家好男人，不仅独自培养了年仅5岁，后来在事业上也颇有成就的儿子丰绅济伦，这名官二代还曾多次领兵出征，立下过战功，当过兵部尚书。作为大清功臣，其画像被供奉在中南海紫光阁。

傅恒和福康安在乾隆五十七年（1792年）授封"大将军"衔，赐"三眼花翎"官帽。这是清朝只有亲王、郡王、贝勒、贝子才能享有的资格。从努尔哈赤建后金，满清近300年历史中只有七位大臣获此殊荣。傅氏父子还与其他14位亲王、郡王、12位大臣一起获配享太庙的至高荣誉。

当年"一等忠勇公府"北面是府宅大门，南面正中设倒座房，三五间不等，为府中管事人员办公议事的地方。因为王公府前庭将府前街拦腰截断了，所以设置了东、西阿斯门，白天打开供官员和普通老百姓通行，夜间则关闭，行人绕行。其西阿斯门对着马神庙街（今沙滩后街）。"阿斯门"为满语，历史上称"辕门"，俗称"雁翅门"。

有记载说，傅恒晚年尚奢华，乾隆后期的和珅就受他的影响。所以"一等忠勇公府"虽然没有了，但去恭王府（和珅故居）可以感受它的建筑和园林。

傅恒父子与一些只能坐享荣华富贵的王公贵族不同，他们一没有拼爹二没有凭借不差钱在京城饱食终日，坐享其成，而是以国事为重，努力为祖国统一和边境的安宁英勇征战。其家族的卓越功绩在清朝历史写下了浓重的一笔。

恐怕他们自己绝想不到的是，他们的另一贡献是这些卓越功绩为许多文学和影视作品创作提供了素材，以至于今天脍炙人口的小说，影视小说《乾隆皇帝》、《还珠格格》、《书剑恩仇录》、《飞狐外传》、《上书房》等都把傅恒家族的人物作为书中或剧中的重要角色加以戏说。

至于"一等忠勇公府"为什么后来改叫"松公府"。一种说法是，傅恒去世后，继承爵位的第四代孙果齐逊卒后无子，光绪十七年（1890年），由本家松椿承袭。"一等忠勇公府"便被改称为"松公府"。

1902年，京师大学堂因校舍不够用，内务府就把松公府的南部拨给了大学堂以增建校舍。1930年12月，由京师大学堂改名的北京大学在蒋梦麟任校长之际，从主持松公府日常事务的松椿大姨太手中，花了七万四千元把北侧松公府剩余的府邸全部买下。自此，大部分松公府都成为北京大学的校园。

上世纪50年代，中宣部入驻松公府，从此这里又被称为"沙滩大院"。当时中宣部进出主要是西门。开始是沿用北大后期修建的旧门楼，拍摄电影《青春之歌》时，曾把它作为影片外景的一部分。60年代初改建成现在的式样。门牌号最初为松公府夹道10号，1965年后改为沙滩北街2号。

2000年前后，在中央有关部门的统筹协调下，大部分单位从院中陆续迁出。剩下的主要办公单位为1988年7月由邓小平亲笔题写刊名的中共中央机关刊物《求是》杂志社。

斗转星移，刹那芳华。如果说当年的"一等忠勇公府"还能有一点遗存的话，就是如今的孑民堂和"红心院"了。

孑民堂是民主革命家、教育家蔡元培先生的纪念堂故址，在北河沿大街83号国家文物局院内。

1947年，为纪念蔡元培先生，将松公府西部中间一院改称孑民纪念堂，简称"孑民堂"。当时的"孑民堂"还是三进院落。大门外保留着当年"一等忠勇公府"的大石狮子和阿斯门前的上马石。进正门后，面南有大厅一间，东边有配房5间，西边有一独立小院。院内雕梁画栋，古槐参天。每到夏季，浓荫匝地，蝉声悠长，寂若古刹。

1955年，拆掉了孑民堂西侧的"小花园"，在原位置上修建了称为"工字楼"的二层宿舍楼。两横为走廊和居室，一竖为过道和楼梯。居室地面为木地板，楼梯、走廊和厨房的地面是水磨石结构，在当时是标准很高的住宅建筑。

1955年底为了修建中宣部机关办公大楼，拆掉了孑民堂前院的所有建筑。孑民堂垂花门内的大厅改造成部领导做决策用的"部长办公会议室"。后院的房间打通，装上彩色壁灯，架上电影机，取名为"放映室"。1962年以后孑民堂和放映室经过重新装修，成为副部长周扬的居住地。

孑民堂的西跨院先为当时的文化部党组书记、副部长钱俊瑞住所，后为中宣部副部长姚溱居住。"文革"中称"红心院"——名称是红卫兵起的，现为《小康》杂志社使用。

1956年，中宣部机关用拆掉孑民堂前院的大部分建筑材料，在其南面修建了并列的平房小院。

从清朝的皇亲府第、"五四"时的北大、内战时的民主广场、"文革"中的"阎王殿"，到今天的党刊所在地，近一百年间，几乎每一场文化思想与政治的风暴都发轫于此，然后席卷全国。当年的松公府，如今的沙滩大院，乃一个国家的历史风云奇特地集中展现地。

英亲王府

东华门大街路北的北京市第二十七中学一带，在明朝是为朝廷宴会和皇家御膳提供酒肉食品的光禄寺所在地。院内有鹅池、鸡房、煮笋房、蒸作房、茶叶房、米库、盐库等。

明朝规定养在原宣武区象来街驯象所的大象死后，都要交到光禄寺宰杀象肉。有时公文往来多日，死象已腐臭也必须移交，弄得沿途街道臭不可闻。这些死象的尸骨就掩埋在光禄寺盐库后院的地下。

清代，这里成为为大清立下赫赫战功的开国铁帽子王之一阿济格的"英亲王府"。他曾破李自成军，杀刘宗敏，俘获宋献策，使大顺军队一溃千里。多尔衮死后（详见第七章，普度寺），难兄难弟阿济格亦被顺治皇帝赐死，随后王府被撤销，又改建为清朝的光禄寺。十年后其第二子傅勒赦无罪，恢复宗室，康熙元年（1662年）追封镇国公。英亲王府也是清代仅有的两座皇城内的王府之一。

1928年，这里成为中法合办的孔德学校，学校门前的光禄寺胡同改称孔德前巷。从这里走出了于是之、吴祖光、钱三强、陈香梅。蔡元培、顾颉刚也曾在此教书。1952年孔德学校改为第二十七中学，此后孔德前巷也被改称为智德前巷。

1975年，在智德前巷发现一瓷器窖藏，出土有宣德、成化、弘治、正德、嘉靖五个年号款识的黄釉青花瓷盘，盘底均涂有一圆孔或书一个"甜"字。据《天府广记》载，此为宫内甜食房专用盘。甜食房的盘子为何要埋在光禄寺？已无人能作出回答。

门神库

太庙的东门外有中国人民外交学会，这里明代是玉芝宫，清代是门神库。

玉芝宫是嘉靖皇帝为祭祀父亲而修建的宗庙。该庙先名世庙，后改为睿宗献皇帝庙。

朱厚熜本无缘帝位，但运气来了挡都挡不住，因武宗薨逝时无子嗣，且其又是孝宗独子，故帝位遂由武宗堂弟朱厚熜

（嘉靖）继承。他的父亲朱祐杬为孝宗最年长的弟弟。

毕竟是亲爹。嘉靖五年（1526年）七月，嘉靖不顾群臣的反对，决定"在太庙左隙地立庙，其前殿后寝一如太庙制"，以崇祀自己的生父，并亲定其名曰世庙。九月，庙成。嘉靖四十四年（1565年），这座已被弃用的世庙老树新花，在柱子上长出了灵芝。皇帝得知后自然是喜出望外，更名为玉芝宫。

嘉靖帝认为旧庙产芝乃灵异祥瑞之事，于是下令大加修饰，玉芝宫又辉煌起来。但它最后的命运如何，已不得考，或许因年久失修而坍塌，或许毁在了李自成领导的农民军所放的大火中。

清代，在玉芝宫旧址上建成了门神库。门神库专门负责为清宫印制门神画，属制造库管理。制造库设立于顺治元年，顺治十六年裁归内监局，本年改归工部。

据乾隆《京城全图》，门神库正门为三座门，前半部为空场，后半部为"凸"字形台基。台基上建正殿（库）三大间，东西配殿（库）各三间，台下东西值房各五间。

门神库在清亡后被废弃不用。上世纪20年代初，门神库在胡适组织的"中国政治学会"使用期间，其前院新建了一座仿古式图书馆楼房。

新中国成立后，门神库由中国人民外交学会使用。

升平署

　　清初，现在南长街南口路西有座气派的府邸，名为南府。府主是被封为平西王的吴三桂之子吴应熊，娶了皇太极的第十四女建宁公主。他老子反叛后，他也即刻被杀。看过《鹿鼎记》的朋友们对这一段都不会陌生。

　　康熙年间，这里摇身变成掌管宫廷戏曲演出的机构，仍沿袭南府的称呼，隶属于内务府。所以也有人说"南府"之称是相对于西华门内之内务府。艺人先是由容貌、嗓音较好的年轻太监经习艺后充任，后来估计是风格太单一，也招收宫外的艺人进宫，是清代的皇家戏曲学校兼国家剧院。

伴君如伴虎，伺候皇帝随时都有杀头危险。一次某演员扮演古代的州官，得到雍正皇帝的赏识。演罢接见时，那个演员随口问了句："不知我在戏中做官的那个州，现在的州官是谁？"雍正立时翻脸骂道："一个戏子竟敢打听朝政，拉下去乱棍打死！"

乾隆时期，南府规模扩大，人数达千人以上。宫中凡遇节日以及帝后生日、册封等，都由南府戏班在宫中演戏庆贺。道光七年（1827年），认为这种娱乐机构称"府"太过郑重，故取"歌舞升平"之意改称升平署。大清朝也在歌舞升平中走向了末路。

升平署珍藏的剧本、档案、剧装、道具、剧照等，至今保存在故宫博物院，是我国戏剧史上珍贵的实物资料。

现存清乾隆年间的戏楼院保存完整。这是一组四合院，内有北向戏楼一座，戏楼上有滑车等装置，可以演神怪上天入地等神话戏。北房前出轩，适合观赏演出。

白驹过隙。升平署自民国后变成了不教戏曲的学校，私立华北中学、北京六中、一六一中学（中校区）等相继在此。

升平署现在北京一六一中学（中校区）内。

稽查内务府御史衙门

陟山门街本身不足300米且不通车。不过别拿豆包不当干粮，因为它是连接北海与景山两座皇家御苑的步行走廊和视觉通廊，所以虽小但位置重要。因在北海陟山门外，清称陟山门大街或陟山门。1965年将北海中夹道并入街中，定名为陟山门街。现在这条街热闹异常，全是叫卖各种食品的。

不过路北一座安静的院子在周围的民居中显得与众不同，

它就是稽查内务府御史衙门。

文物专家王世仁考证说："稽查内务府御史衙门是目前北京仅存的一处最完整的宫廷衙门。"20世纪后，此院成为故宫博物院的宿舍。日久天长，像许多文物古建一样，逐渐成为北京众多大院中的一个，院里盖满了居民私搭乱建的小屋。后经整治，院落方得以接近原貌。

但其实该衙门格局和规制上均与一般行政衙署大异，溯其因由，首先是地处皇城禁地之中，当然不能显示署衙之尊。其次是所稽查的对象是内务府，以微稽尊，以疏查亲，也实难有开署列堂之尊。所以虽然占地面积和房屋间数并不少，但给

陟山门街5号，是雍正四年（1726年）设立的稽查内务府御史衙门。

人的印象就是所"四合院"。

稽查内务府御史衙门是都察院的派出机构，有些类似于审计和纪检的合体。查内务府的账就是查皇家的账，究竟能起到什么样的实质作用可想而知。因此，与其说是稽查，不如说是让皇家的一切开支都合法化。御史外出，一般都会有些飞来横财，唯独派到内务府的，只能是两手空空。

内务府是最阔的衙门，清代北京城中有"树小房新画不古，一看就知内务府"之说。其意是内务府有钱买房加装修。唯独稽查内务府御史衙门的格局、规制多年始终如一保持本色，说白了就是没钱盖新房。

九
....

风情话胡同

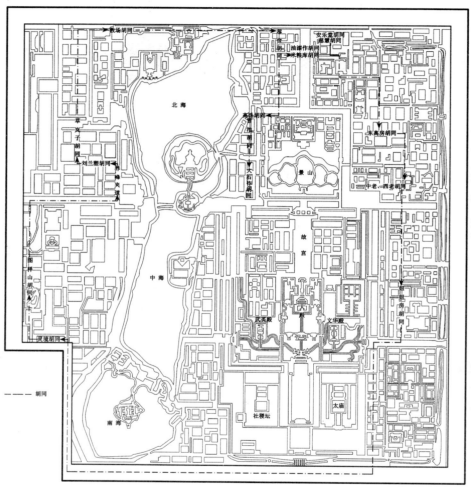

皇城内的部分胡同。

明代的皇城，不允许寻常百姓居住。清代晚期、特别是民国以来，宫闱禁地逐步开放，"街"、"巷"、"胡同"本属市民阶层的聚落模式花落皇城。

它们的名称，有的因人而命，有的依地而名，有的缘于寺庙，有的赖于功能，不一而足，各有风采。不同的胡同街巷，犹如皇城躯干上的肌理，使之丰满充实，使之更接地气。一条条胡同，一条条小巷，一条条街道，流淌着不同的风情：或华贵，或妖娆，或坚强，或壮烈……成为有老百姓故事的城。

走进这些胡同街巷，仿佛步入了历史长河，深邃、久远。

还是顺时针的方向，旅行又开始了！

安乐堂胡同

地安门内大街以东，最北为安乐堂胡同。

据《万历野获编》等史料记载，安乐堂最初是"处工匠之疾病者"。但是后来与"工匠"渐渐无关，而是接待那些在宫中染病，又无房可住，也没有亲朋好友可以依靠的内宫、长随、内使、小伙等下等太监。入住的条件只有一个：疾病缠身，行将就木。

所以它表面是一个疗养所，但更像通向地狱的中转站。

要是幸运地活了下来，要向堂主感谢所谓的"救命之恩"，还要留在堂内或被送到"浣衣局"（浆洗房，在今新街口"蒋养房"）等处发挥余热：干活。

"人生就像打电话，不是你先挂，就是他先挂"。要是不幸挂了，就只能去静乐堂焚化了。该堂东、西各有一座小塔，塔内各有枯井一口，焚尸之后，骨灰就胡乱抛洒在枯井里。天启年间，跋扈一时的"奉国夫人"客氏——大宦官魏忠贤的姘头——笞死后，就是在这里作最后解决的。

此外，安乐堂也接待死人。死在宫内的太监们，无权无势品级低下者，经上报、验明无误后，发给符牌，从紫禁城北侧的顺贞门旁右门抬出，经神武门、北上门、北中门，将尸骨运到安乐堂，交验符牌后再转到北安门外墙下的停尸房。由内宫监发给棺木材料，惜薪司发给焚化用的柴炭，换上朱红色的棺材再火葬，若有不愿火葬者，就埋于地下。

安乐堂有小屋数楹，设掌房官一名、堂司数名，还有二三十名专门担负殡葬劳役的土工。

安乐堂院落今日尚存，即路南16号院，内有瓦房若干间，古槐一株，久住居民也都知道此地就是"安乐堂"。民国时改称"安乐堂胡同"，"文革"中一度改称红浪胡同，后恢复原名。

安乐堂胡同西口的民房，未被摘尽的葫芦、丝瓜与嬉闹的鸽群，构成悠闲的生活画面，这才是真正的安居乐业。

慈慧胡同

安乐堂胡同南行50米为慈慧胡同。中段北侧邻北月牙胡同、西吉祥胡同，南侧接南月牙胡同。

胡同因明朝建有护国龙泉慈慧禅林而得名，民国后沿称，1949年称慈慧殿胡同。"文革"中一度改称宝书胡同，后恢复原名。美学家朱光潜曾居住在当时的3号院。

慈慧胡同向东至吉祥胡同10号，即达基督教会宽街教堂。

这是美国卫理公会在京开办的8座教堂之一。2000年平安大街建设工程中，迁至现址。2008年8月10日，美国总统小布什曾携全家来此做礼拜。

地安门东大街路南可见宽街基督教堂高高的白色十字架。

东高房胡同

从教堂向南，经东板桥街、纳福胡同、横栅栏胡同、三眼井胡同、嵩祝寺西巷、沙滩北街，到了沙滩的东高房胡同。

胡同呈东西走向，西起大学夹道，东止沙滩北街。乾隆时称高房胡同，光绪时称东高房胡同，民国称东高房，1949年后沿称。1965年整顿地名时又改回称东高房胡同。

胡同中的东高房小学有近百年的历史，它还是闻名遐迩的景山学校的前身。

1960年4月，在第二届全国人民代表大会第二次会议上，中宣部部长陆定一代表党中央和国务院作了《教学必须改革》的报告。5月，在中宣部机关秘书长兼党委书记童大林直接领导下，中宣部机关党委、北京师范大学和东城区教育局，把黄化门街的91中学与东高房小学合并，共同创办了教育改革试验学校——北京景山学校。校址起初在如今的《求是》杂志社院里，后来迁至灯市口大街53号。

现在的东高房小学是从附近其他几所小学调整生源、重新恢复的。

中老、西老胡同

东高房胡同南行，经过沙滩北街，到达路口以西的中老、西老胡同。

中老胡同呈东西走向，两端曲折。西起西老胡同，东止沙滩北街。清宣统时称中老胡同。民国后沿称，1965年整顿地名时将孟家大院并入。

西老胡同呈南北走向，北起沙滩后街、嵩祝院，南止中老胡同。中老和西老胡同，"文革"期间一度分别改称"旭日胡同"和"普红胡同"，后恢复原名。

此地原本不仅有中老、西老胡同，还有一条东老胡同，三条"老"胡同成于清乾隆时期，由于胡同比较狭窄，老百姓就形象地称之为"老虎洞胡同"。后来，为了便于区分，就将西边的叫"西老虎洞胡同"，东边的叫"东老虎洞胡同"，中间的叫"中老虎洞胡同"。久而久之，人们嫌这一大串名字麻烦，就干脆省略了"虎洞"二字，呼作"中老胡同"、"西老胡同"、"东老胡同"。1965年整顿地名，东老胡同并入沙滩后街。

中国共产党第一位女党员、妇女解放运动的先驱缪伯英，于1921年10月9日在当时的中老胡同5号院与共产党员何孟雄结为夫妻，他们都是中国共产党早期党员，缪伯英还是"一大"53名党员中的两名女党员之一。

中老胡同32号院的主人先是光绪皇帝的妃子瑾妃。她是比她更有名的珍妃的姐姐，姐妹俩同时进宫，现在台北故宫的镇馆之宝"翠玉白菜"就是其嫁妆之一。但同样是皇帝的妃子，两人的差距这么大呢？因相貌、性格都远不及珍妃，瑾妃一直受到光绪的冷落。辛亥革命后不久，瑾妃40多岁时给娘家买下了这套房产。

据说瑾妃买它，为的是与老母相互望上一眼。站在院子东边花园内的一座亭子上用望远镜向西南方向一望，正好是故宫的北面。娘儿俩定好了时间，时候一到，瑾妃登上御花园靠东北面的亭子，老太太登上院中的亭子，两人就用望远镜你看看我我看看你。

　　天天如此，一日不落，竟然一直窥了好几年。老太太心里多半默默念道：小主，这样便是极好的！直到瑾妃大病不起，老太太也病魔缠身，才算罢休。若这个感人的传说为真，在中国古代宫廷史上也算是一件稀奇事吧。

　　在这座珍妃从未住过一天的院中，还住过英籍犹太商人哈同夫妇（他们在上海兴建了著名的私人花园哈同花园）。

　　32号在1952年高校院系调整前作为北大的教授宿舍（1946—1952年）。这里可以称得上是米粮库胡同之外的另一处群贤毕至之所。《中老胡同三十二号》详细描绘了那些"致青春"的岁月。

　　一对小石狮守在高台阶门槛的两侧，门洞的左侧是收发室、公用电话房。从大门进去基本上是一个四排宿舍的格局，院中有院，错落有致，住着20多户人家。

　　这里可谓卧虎藏龙。美学家朱光潜、文学家沈从文以及周炳琳、张颐、陈占元、贺麟、冯至、袁家骅、闻家驷等著名学者都在32号住过。

抗战胜利后朱光潜一家就住在宿舍大院内6号。它处于院子的最后一排，左邻俞大缜、右舍周苏生。前面是座四合院，正对他家北房的是孙承锷家，与其相连的东耳房是王岷源家，东西厢房分别是贺麟与袁翰青家。

朱光潜除教书外还主编《文学杂志》，书的底页上写着主编朱光潜，而编辑部的地址就是中老胡同32号内6号。

妞妞房胡同

皇城内曾经有四处以"妞妞房"命名的胡同，分别是现在的骑河楼街南巷、东板桥街西巷、西什库大街东侧的爱民里三巷和府右街西侧的博学胡同北段。

现在已更名为骑河楼街南巷，原为南妞妞房，在"四妞"中离皇宫的距离最近。从中老胡同过沙滩，经银闸胡同、骑河楼北巷、骑河楼街可达（彩图十）。

"四妞"中拐弯儿最多的当属东妞妞房，现称东板桥街西巷。它西通帘子库胡同，东到东板桥街，呈"Z"字形。

西什库大街东侧的北妞妞房胡同大约在爱民里三巷的位置，现在已全部建起了楼房，胡同的踪影早已消失了无痕。

地处博学胡同北段的西妞妞房如今地方还在，但已经融为博学胡同的一部分了。

妞妞是北方民族对小女孩的爱称，妞妞房胡同则是中国最后一个封建王朝清朝留下的痕迹。清代每三年选一次秀女，入选者都是八旗的少女。每年各旗要将本旗十四至十六岁的女孩子造册上报。赶上选秀之年，各旗负责选秀的官员要把这些女孩子送到北京来。送秀女的车队要按规定在夜间把选手们送到神武门。候选的秀女们入宫城后，在顺贞门外等候，由户部官员负责管理，由太监首领主持挑选。看过《金枝欲孽》或者《甄嬛传》的对这一幕应该都不陌生。

女孩子们的高矮、胖瘦，眼、鼻、口、耳是否端正，肩背有无畸形，四肢、颈部长短，皮肤的粗细等都是检查的内容。被选者还要自报籍贯、姓名、年龄等，观察其发音是否清晰，有无沙哑之声、咬字不清或有无口吃。然后，让被选者转圈行走，观察其举止风度，有无轻佻、毛躁等。检查合格者留下姓名牌子，称作"留牌子"，牌子上记清某人之女、某旗、年龄、属满洲人或蒙古人等。初选之后，未被选上的女孩子，由本旗的车子带回原籍归家。

初选合格的女孩子，便被安排住进妞妞房做进一步的培训、教导。太监哥哥和宫女姐姐负责教习她们宫中的规矩、礼节，学习女红，每日读书习字，由专人考核。培训一段时间后再入宫复选。经过严格考核，才能最后决定取舍。合格者留在宫中，不合格者送出宫去，称作"撂牌子"。这难度比起如今很火爆的某些女性选秀节目怎么样？

少亦苦，老亦苦，少苦老苦两如何！经过严格筛选考进宫中的妞妞们变成宫女后，并非就能过上幸福生活。她们要认首领太监做师傅，工资生活都由师傅管理。她们的地位比太监还低，规矩比太监还要严格，做了错事或犯了规矩，要受到严厉的处罚，每天还要完成繁杂和沉重的劳动。

如今，这四处妞妞房早已改换了名称，有的还彻底地消失了，但它们是历史的见证，在北京胡同的变迁史中不该被湮没。

灵境胡同

走到北池子大街，想办法到西皇城的灵境胡同。如果您不愿绕筒子河看人鱼接吻再横穿中山公园的话，就又要走一遍长安街，体验一下"牛郎"会"织女"的艰辛。

灵境胡同东起府右街，西至西单北大街。"灵境"有何含义？因其地原有灵济宫而得名。

明永乐十五年（1417年），朱棣患病，夜间梦见两位道士前来授药，不日其病即愈。皇帝甚为感激，诏方士曾甲为他解梦。曾甲说两位不请自来的仙人是他家乡福建某祠内祭祀的徐知证、徐知谔两兄弟，哥儿俩常常显灵，宋高宗曾为祠堂赐名"灵济宫"。朱棣深信不疑，下令在皇城内为其建宫祠，并封玉阙真人、金阙真人，仍赐名灵济宫。

既然是皇家敕建的宫观，其占地之广，规模之大，可想而知。明崇祯年间刘侗所作《帝京景物略》载："皇城西，古木深林，春峨峨，夏幽幽，秋冬岑岑柯柯，无风无声，日无日色，中有碧瓦黄甍，时脊时角者，灵济宫也。"每逢初一、十五、立冬、夏至等节令，皇帝总要派大臣前往烧香祷告，祭祀真人。有时，大臣患病，也要想办法到此祭祀，以求真人保佑，早日康复。

灵济宫在明代不仅是一座颇受重视的皇家道观，也是百官集体活动的重要场所。每逢重大朝会之前，全体官员都要集中在此排演礼仪（果然是个大house）。直到明宣德年间，这种演礼才被移到朝天宫。灵济宫还是大学士、尚书们讲学的地方，鼎盛时，听讲者达千人。

灵济宫还是招待道教领袖的宾馆。明崇祯十四年（1641年），正一派天师真人张应京被皇帝朱由检召至京师，就在这里赐宴款待。

不过一年后，有位大臣上奏，说宫内供奉的两位真人其实是唐代叛臣之子，不宜受朝臣拜跪，请示用帐幕将其塑像盖起来，停止祭祀活动。崇祯皇帝认可了这个奏本，从此灵济宫便衰落了。

清嘉庆后，白莲教在北方的支派天理教曾以灵济宫为据点发动起义，更增加了它的神秘色彩。

天理教的首领名叫林清。他曾因传教被捕，释放后隐居在已经破败的灵济宫中继续活动。他常扮作卖鹌鹑的小贩到西安门外小市上做买卖，结识了不少喜欢斗鹌鹑的太监，并在他们当中发展了许多玩物丧志的天理教徒。怎么听起来感觉有点像向问天为救任我行，用琴棋书画结识梅庄四友呀？

嘉庆十八年（1813年）秋，他探知皇帝在承德避暑未归，宫内空虚，便秘密联络河南、山东的白莲教首领，并串通卧底太监作内应发动起义。9月15日，起义军打着"大明天顺、顺天保民"、"同心合力、永不分离"的大旗分两路向紫禁城进发，分别从东华、西华门攻入皇宫，迅速占领三大殿。守城清军闻讯后纷纷从午门进宫，双方展开激战。

到了傍晚，清军越聚越多，不靠谱的起义军后援却始终未到，最终寡不敌众而落败。林清被捕后英勇就义。后来清政府捣毁了灵济宫。所以灵境胡同在清末也一度被称为林清胡同。

林清之所以能在皇城内发动起义，要归功于乾隆年间改变了明代"以皇城为禁密"的状况，皇城逐渐开放，各色人等可随意出入。

民国后，灵济宫所在地，谐音为灵境胡同。这段名字的来历，不知还有几人知？现在人们知道它，多半是因为北京地铁4号线有"灵境胡同"一站。

明清皇城有两个西南角。今府右街南口，是第一个。由此往北，至灵境胡同东口，向西拐弯，直达今西黄城根南街南口，向北拐弯形成第二个西南角。

1911年后，以西皇城墙为界，胡同东部改为黄城根（实际是一段东西走向的皇城墙旧址），西部则改称灵境胡同。1949年后，两者合并，统称今名。1965年，又将八宝坑并入。八宝坑位于灵境胡同西部北侧，为南北走向的死胡同。这条胡同里不是卖八宝粥的，而是因地势低洼卫生差，原称巴巴坑，后谐音雅化称八宝坑。

灵境胡同西北的石板房头条、二条胡同一带在基建施工时，曾发现地下有面积很大的三合土夯土，是不是当年灵济宫的地基？

1987年，在胡同的东口发现了唐代砖室墓1座。墓主纪宽

"天宝十二载（753年）正月五日卒于范阳郡蓟宁坊之弟也，享年七十三"，"以其载二月一日葬于郡城东北三里平原"。这块墓志的意义在于，它明确告诉人们，从这里向西南推三里就是唐代幽州的东北城垣。

1985年，胡同西段的民宅被拆除，建起6层的居民楼。到1988年，已有新居民楼13座，胡同被拓宽成了一条小马路。1992年前后，灵境胡同再次扩宽。目前最宽处有30余米。这条往日几米宽的窄小胡同几经拓展已变成宽阔马路，皇城外的西段还通了68路公共汽车。"胡同"已升级为"大道"。

本来好好的胡同被拓宽为双向车道。本该很畅通，但由于路边的违章停车，根本没有自行车和行人走的地方。"灵境"真成了"零径"。

图样山胡同

沿西黄城根南街一路向北，可见"图样山胡同"的路标。胡同北起惜薪司胡同，南至后达里。

元代这里是隆福宫的前苑，供嫔妃居住、游乐。前苑以高50余丈的假山为中心，山重水复，柳暗花明，美不胜收。

元宫被毁时，前苑得以保留。明代将假山称为兔儿山，又称小山子、小蓬莱，是皇帝重阳登高时的选择之一。萧洵《故宫遗录》云："兔儿山在沄台之西……俯瞰都城，历历可见。"既然登山可俯瞰都城，可见其山之高。

皇帝重九登高，或幸万岁山（景山），或幸兔儿山。兔儿山东西延缘而升，皆叠怪石，间植树木，山上有旋磨台、鉴戒亭、清虚殿，还有飞龙喷泉。

清末，营造三海的过程中，山上许多元代从江南运来的奇石都被移到三海造新的景观了，对兔儿山的维护有所忽略，逐渐荒废。1911年后兔儿山的所在地，谐称图样山，亦有说是制作图表的所在。1965将西土地庙、槐树胡同并入，统称图样山胡同。

胡同南面的部分已在2011年3月前被拆除了，北面部分由于有围挡得以幸存，但看起来和路标一起被拆也是迟早的事。又一条老北京的胡同在新北京的建设中消失了！

养蜂夹道

　　一直到西安门大街，再东行到文津街，北平图书馆旧址西侧，原本有一条不宽的胡同叫养蜂夹道。养蜂夹道其实跟蜜蜂马蜂都八竿子打不着，而是明朝的羊房夹道，民国后讹传为养蜂夹道。

　　明代养蜂夹道的北端有羊房、牲口房、虎城、豹房等。听着挺热闹，都是干什么的？难道老大是一名野生动物保护者？

　　远在元代至正十七年（1357年），皇家就在这里建筑了高大的兽房，养有狮子、大象、老虎、豹子，均以铁链拴在木桩上。因建于皇城之内，担心逃脱伤人，为安全起见，只在这里豢养了三年，就迁往昌平芹城（今秦城）了。

　　到了明代，养动物的光荣传统当然要继承。虎城养的是皇帝的宠物——老虎，诸如华南、东北之类。正德皇帝甚至在边关烽火紧急的关头命军士丢下防务，去深山中捕捉老虎，够执着的吧。他不但要求下属如此，自己也以身作则，充分发挥大无畏的精神，到虎城中刺虎取乐，只是老虎不领情，怒了，心道哥不发威，您以为我是Hello kitty！险些把他咬伤。

　　虎城内的饲养人员为了讨好皇室，平日俱进行驯兽活动。最夸张的是，每逢阴历年的除夕之日，打算组织群兽"辞岁朝拜"。管事的自扮"山大王"，高坐殿上，令驯兽人引各兽上殿朝拜，借此厚赏驯兽人、兽医。

原本计划训练成功后，奉请皇帝来此"巡幸"，受百兽一贺，以获嘉奖。不过猛兽毕竟不是人，不理解让领导高兴的良苦用心，如若勉强行事，万一玩砸了把皇帝咬了大家脑袋还不都得搬家？这时一个伟大的创意出现了：改为人戴面具，身披彩衣，扮成獐狍野鹿，狮虎熊豹，以兽骨为笛，吱吱咩咩为乐，表示是山中的"小妖儿"进洞朝贺。

同时，从除夕夜至正月初五，由扮兽的更夫，两人一伙，一人敲梆，一边打锣，绕园而走，表示"巡山镇邪"。实际上，驯兽变成了"驯人"，成了虎城内部的自娱自乐。

据说，有一次驯虎者被虎咬伤，虎城内的差役与宫内太监共同研究对策。一位当过兽医的太监出了一个损招，让饲养的差役，每于投食时掺以少量的水银，说是可以"抑其威势"。其实，水银有毒，日久，其兽必伤肠胃而亡。所以，明代，皇家动物园饲养的虎豹都是"短命鬼"。

有首歌曲叫《女人是老虎》，其实不是老虎，而是豹子。豹房中藏的就是美女。

正德二年（1507年）八月，皇帝朱厚照建造豹房。公廨、前后厅房、左右厢房、歌房一应俱全。但不是为了豢养金钱豹，而是供其淫乐。他竟然迁出宫禁，在此厮混，玩弄"童男童女"，不理朝政。

他某次南巡至老臣杨一清家，见一名家童杨芝，生得白皙俊俏，便赐名"羊脂玉"，带回北京，放于豹房。正德七年（1512年），又添建豹房二百余间，并把有姿色的少年都集中于此，与教坊的乐工在此排戏。从此豹房变成了为皇帝作乐的教坊。正德皇帝成了"唐明皇第二"。

新建的豹房区内有一座腾禧殿，由于殿顶是黑琉璃瓦，故称"黑老婆殿"。正德皇帝巡幸山西时，见到乐工杨腾之妻刘氏。刘女面貌姣好，能歌善舞。他色心陡生，不顾刘女乃有夫之妇，硬是强行带走，成为他的宠妃住在殿内。

某次出征，他有心带刘娘娘前往。但又怕大臣谏阻，便先将她安置在通州，约定銮驾启程后，便派人相迎。临别时，刘娘娘拔下头上发簪，令迎者执为信物。正德接过，欣然而别，不意车过卢沟桥，驰马失簪，遍寻不得。行至山东临清时，派使者往通州迎刘妃南下，刘以未见信物不敢前往。正德得知，心道输了你赢了世界又如何？竟独自策马日夜兼程，迎刘妃登舟南下，直下扬州去者。

出来混，迟早是要还的。明武宗荒淫无度，最终在豹房中以身殉豹。

此前的成化年间，这里更发生过一件荒唐又悲剧的事情：

小皇子朱佑樘神不知鬼不觉地在这里玩了六年"躲猫猫"！

朱佑樘的父亲是明宪宗。他有位爱妃万氏，整整比宪宗大了17岁！万大姐4岁就进宫当了宫女，长期侍奉宪宗，并受到他的宠爱。所以年龄不是感情的差距，缘分才是最重要的。

宪宗继位之初的皇后为吴氏，是个知书达理、才貌双全的女子，但并不被宪宗喜欢。吴氏做了皇后，表现出了对万氏的不满，并因万氏的无理而鞭笞了她。这下宪宗勃然大怒，下旨废了吴皇后，另立了一位老实软弱的王皇后。此时姐弟恋的感情基础已牢不可破，万氏确立了她在后宫不可动摇的专宠地位。

1466年，万氏生了一个儿子，她也由此被封为贵妃。她名为万贵的父亲名字灵验了。可这个孩子不满一岁就夭折了（他的墓2001年在海淀区香山路军事科学院被发现，详见拙作《当代北京考古史话》），此后万氏再也没有怀孕。这个心怀嫉妒的女人还让她的心腹宦官严密监视宫中其他妃嫔。她们一旦有怀孕的征兆，务必要使其流产。万氏，果有手腕！整整十年，皇帝再没有一个子嗣。

成化十一年（1475年），宪宗让宦官张敏给他梳头，他对着镜中的白发感叹道："老将至而无子！"张敏见时机到，忙匍匐地上，奏道："万岁早已有子了。"原来宫女纪氏6年前怀孕了。万氏曾对此事有所耳闻，她派张敏给纪氏服流产药，但好心的张敏知道皇帝渴望子嗣的心情，不仅没有给她服药，还谎报她没有怀孕。万贵妃依然不放心，便把纪宫人贬到内安乐堂。

安乐堂名为安乐，实际上并不安乐，是太监、宫女最怕去的地方。安乐堂有两处：一处在现在的安乐堂胡同（详见本章，"安乐堂胡同"）；另一处就在养蜂夹道，当时叫羊房夹道，因为地处西内，所以也叫"内安乐堂"。纪宫人到安乐堂不久后，便生下一个男孩。

孩子生下后，被废的吴皇后将她们母子接到自己的住所保护。如今孩子已整整6岁。宪宗得知后自然喜出望外，忙下令去接皇子。不多日，这个孩子就被立为太子，纪宫女也被立为淑妃。但狠毒的万氏岂能善罢甘休，不过一个月，淑妃就被万氏的爪牙毒死了，张敏也因惧怕吞金而亡。

或许童年多磨难。朱佑樘勤于朝政、体察民苦，称得上是一位有作为的皇帝。他年号弘治，是为孝宗。"弘治中兴"是明朝历史上有名的盛世。

道路的尽头有一座神秘的院落。它曾经戒备森严。这又是干什么的？

新中国成立后百废待兴，国家领导人废寝忘食工作。一些老同志提议在北京建立一个俱乐部，为副部长以上、军队少将以上的领导干部提供一个休息、健身的场所。

1958年10月，修葺一新的"养蜂夹道俱乐部"正式开张迎客。走进大门，一条长廊直通南北，两侧整齐地排列着8座花木扶疏的四合院。长廊的尽头是假山和网球场。静谧的后湖与北海相连，环境幽静。

"养蜂夹道俱乐部"最初的功能有：网球、台球、钓鱼、打牌、下棋等健身活动；理发、洗澡、搓背、修脚等服务项目；零点餐厅提供美味可口的菜肴。每逢月底会计就会拿着单子和首长们结账，茶钱多少，饭钱多少，理发、洗澡费用多少，须一一付清。

上世纪五六十年代，"养蜂夹道俱乐部"可算当时的一个高档娱乐、健身场所。网球、台球等都是社会上没有的项目。对普通百姓而言，那里是非常神秘的。

"文革"中，"养蜂夹道俱乐部"被污蔑为走资派阴谋篡党夺权的"裴多菲俱乐部"，邓小平、万里、吴晗等在一起打桥牌更被批判为"开黑会"、"对搞无产阶级司令部"。1966年8月，"养蜂夹道俱乐部"被关闭。

刘兰塑胡同

文津街向西走到头，向北拐入西什库大街。

本应位于大街南口至草岚子胡同之间南北走向的刘兰塑胡同，我没有找到，只是发现了挂有"刘兰塑胡同"门牌的楼、平房。看来是在建设大潮中消失了。

胡同取名源自一位叫刘元的人。刘元，字秉元，天津宝坻人，元延祐年间人。他很有艺术天赋，又刻苦学习，三分天注定，七分靠打拼。还曾向尼泊尔工匠阿尼哥（今北京妙应寺白塔的设计者）学习"西天梵相"，中西融会，有元代雕塑第一高手之称。朝廷封他为昭文馆大学士等职，视他为国宝。并下了一道圣旨：没有皇帝特批，刘元不得应任何人邀请，擅自塑造神像。

在刘兰塑胡同北口位置原有座叫"玄（元）都胜境"的元代道观，观中正殿供着玉皇大帝塑像，左殿供着三元帝君像。这些塑像栩栩如生，生动传神，都出自刘元之手。

乾隆二十五年（1760年），"元都胜境"改称天庆宫，又因隔了一个朝代，刘元的名字也被众口误传成了刘兰或刘銮。后来人们为了纪念这位杰出的艺术家，就将天庆宫南的一条小胡同称作刘兰塑胡同。不过也有人说，胡同叫这个名字，是因为刘元就住在这条胡同中。不管怎样，刘工的先进事迹告诉人们：金碑、银碑，不如老百姓的口碑！

700年过去了，白塔依然屹立在阜成门内，本土选手刘元也不落下风，以另一种方式为后人所知。

刘兰塑胡同还说明，三百六十行，行行出状元，拥有一技之长，金子会发光。它是以草根身份命名的。在封建社会，能够以"匠人"的资格被人们记住无疑难上加难。野百合也有春天，屌丝也会逆袭。刘元是古装版的励志哥。

没见过"元都胜境"您也不用遗憾我生也晚。今西山八大处第四处的大悲寺中的18尊罗汉，相传出自他的手笔。

草岚子胡同

位于"刘兰塑胡同"与天庆胡同接合处，宽不过五六米，长不足百米，北接茅屋胡同和大红罗厂街。

据明代张爵的《京师五城坊巷胡同集》记载，元代此地属积庆坊四铺，明时属西苑范围，多是为宫廷服务的设施和仓储之地，但均不见有"草岚子"地名。后说此地有羊房（后讹为养蜂）夹道、御马仓草栏等地名，"草岚"似由"草栏"谐音而来，成名于民国初年。

虽然这条小胡同看似不起眼，却因在中共党史上有着重要一笔的"草岚子监狱"而名声大振。

光绪二十九年（1903年），清政府设立巡警部京师警察厅，下设东、西、中三个分厅。中分厅在五年后又扩建为看守所，它就是"草岚子监狱"的前身。

上世纪30年代，殷鉴、杨献珍、薄一波、安子文等一批京、津两地的共产党人被关押在更名为"北平市第三监狱"的看守所，他们迅速着手成立狱中党支部和红色党校，创办了手抄刊物《红十月》，决心"扛着红旗出狱"。

1936年春，刘少奇主持北方局工作。由于迫切需要干部，党中央决定让草岚子监狱的同志们用假自首和登报的办法出狱。

狱中同志们深知假自首可能带来的后果，起初不同意。在北方局组织部部长柯庆施写了第三封信后，同志们打消了顾虑，分批要求出狱。"假自首"的出狱，是中共中央在特殊条件下采取的特殊措施。

但是，这事到了"文革"期间，却被"四人帮"利用，大做文章，制造了轰动一时的"六十一个叛徒集团"大案，使大量共产党人蒙受了不白之冤。直到1978年12月16日，中共中央发出《中央同意中央组织部〈关于"六十一人案"的调查报告〉的通知》，正式为"六十一人案"平反。

新中国成立后，草岚子监狱仍然使用。当年轰动一时的预谋在建国周年之际"炮轰天安门"的主犯意大利人李安东、日本人山口隆一，就曾关押在此并受审。电影《国庆十点钟》就是以此案为原型拍摄的。1960年后改为某局宿舍。

80多年过去了，草岚子胡同仍然存在，但监狱在1988年就被拆除了。房子可以拆除，但历史不应被遗忘。

我跑了数次，都没有找到监狱的残迹。2011年6月《北京晚报》的一篇报道中提到，与西什库小学相接的自行车棚后面还有一段残墙。但由于这里堆满了杂物，实在是啥也看不出来。路边修鞋的大爷告诉我，西什库小学中可能还有以前的老房子。但由于无法进入，所以不得而知。要是有读者知道线索，可以把答案公布一下。

草岚子监狱早已被新楼房取而代之，据说是某局的宿舍楼。

教场胡同

草岚子胡同向北穿过爱民街，向东50米，拐入路南的教场胡同。这里是明代的内校（教）场，也就是正德皇帝玩战争游戏的地方。

正德皇帝除了爱玩马、逛豹房，还热衷于角色扮演。不仅扮作商人，还经常率领一群武装好的纯爷儿太监与宠臣率领的一支"军队"对阵，在这座教场内打仗取乐。美其名曰"过锦"，大概是看上去花团锦簇的意思。榜样的力量是无穷的。"我爷爷小的时候，常在这里玩耍"。不仅武宗喜好此道，世宗、穆宗等都好观武事。在太监们的震天杀声中，明朝走向下坡路。

同样是军事演练，清代皇帝要严肃的多。乾隆十七年（1752年），皇帝发布了一道上谕，告诫八旗子弟要"衣服言语悉遵旧制，时时练习骑射"，并且将上谕刻制成多座石碑分立于各处教场。

民国时期法国人在这里建造了两座法国天主教仁爱遣使会属中学（教场胡同2、4号）。西侧的佑贞女中建于1917年。东侧的盛新男中建于1923年。1952年两校由政府接管，合并为和平中学，不久又改名为北京四十中学及北海中学，现为北京四中东校区。在教学楼前仍然保留着当年教场上的乾隆上谕石碑。

爬上平安写字楼楼顶，欧洲折衷主义建筑风格的盛新中学与佑贞女中皆在眼前。两楼间隐隐可见正在上体育课的学生。昔日帝王操练之所，今日少年健身之处。

其实要说起来，这一地区的历史远比明代更早。1956年，教场胡同西侧的爱民街，出土了唐开成三年（838年）卢龙节度都押衙周元长墓志，称其"葬于蓟城东北七里龙道之古原"。1976年，当时的北海中学教学楼前，出土了唐会昌六年（846年）宋丹初夫妇的墓志，记载宋丹初的夫人蔡氏葬于"幽州幽都县礼贤乡龙道村西南一百二十步。"

唐代，"原"与"村"互用。有意思的是，从蔡氏葬地向东北走一百二十步，正是现在马路对面的龙头井胡同。莫非两条龙之间有着某种巧合？这已不得而知。

恭俭胡同

从教场胡同出来，沿喧嚣的平安大街东行600米，向南进入幽静的恭俭胡同。该胡同呈南北向，大致近"冖"形。胡同西为北海北夹道，是一条位于北海东墙之下的窄巷。北端东为西楼巷和磨盘院胡同，磨盘院的来历大概是因为东西开通，犹如磨盘。

明朝时因内宫监署在此，而称内宫监胡同。民国后，去"内"，"宫监"谐音为"恭俭"，同取《论语》中的"温、良、恭、俭、让"中的"恭俭"二字，得名恭俭胡同。

胡同之中，既有文物保护单位，也有近现代名人故居，当然最多的还是居家过日的百姓宅院。古今之际的切换，让人仿佛在历史与现实中游走。

胡同6号是一座普通小院。著名的作家和翻译家叶君健先生曾居住几十年。他翻译了厚厚的四卷本《安徒生童话集》，把卖火柴的小女孩介绍给千家万户的中国读者。也是他，最早将《新民主主义论》、《论持久战》介绍给世界。

新中国成立后，急需培养一批掌握现代化军事工程技术的高级人才，中央决定成立军事工程学院。1952年7月，毛泽东任命陈赓大将为军事工程学院院长。一个月后，军事工程学院筹委会成立，陈赓为主任，办公地点设在当时的胡同59号院。它就是著名的哈尔滨军事工程大学的前身。新中国的军事工程教育不应该忘记恭俭胡同。

此外，胡同中还住过张治中、胡风、黄克诚等。

恭俭冰窖位于恭俭五巷5号，内有南北两座窖。窖口向东，窖底用柏木打桩，墙体用花岗岩铺底，用指定窖砖垒筑而成，称之为"铜帮铁底"。其结构为半地下，窖宽近8米，长约20米，高7米，墙厚1.4米，占地458平方米。窖顶为"人"字形脊坡。

冰窖朱门紧闭，内部是私家菜餐馆。在支付了一杯酸梅汤钱后，我得以进入窖内。店家自酿的酸梅汤、玫瑰酒、单五酒都非常不错,走过路过岂能错过？墙壁上挂着冰窖的来历：

清末，从河北来京的俩兄弟王德山和王德义与北海御膳房有了生意往来。在御膳房管事的提议和帮助下，这兄弟俩主持修建了这座冰窖，当时称为德顺冰窖。建筑材料由皇家提供，出自"西通合窖"。

新中国成立后，在农村土地改革和城镇公司合营的大潮中，王氏兄弟以自己的冰窖作为资产，与原北京市水产局合营。到1970年，王家拿到最后一笔红利后，冰窖正式归国家所有。

在恭俭冰窖用餐，三伏天也不用开空调。

油漆作胡同

恭俭胡同南行50米，经西楼巷，可到曲折的油漆作胡同。

溥仪外教庄士敦的故居位于胡同中。苏格兰人庄士敦，以牛津大学东方古典文学硕士身份来华，曾任香港总督秘书、山东威海殖民地行政长官。

他极力推崇中国佛教，写了《佛教中国》，以致与那些在中国宣传基督教的传教士们成了宗教上的敌人。这样一个人，一般不会得到上司的赏识，对他考核的结论是"头脑不清醒"，也就不奇怪了。所以大总统徐世昌介绍他担任末代皇帝溥仪的英文教师时，英国殖民事务局很乐意把他打发走——外教庄老师月薪1 000大洋。

对比一下吧，当时堂堂的北大教授李大钊杂七杂八都加起来，每月不超过300大洋，还是个"月光族"（都交党费了），知道差距了吧。光拿高薪是不够的，现在的高端引进人才还要帮人家解决户口和家属就业。庄老师当然更不例外，虽然他没有家属，但也得给人家解决房子问题。从鼓楼旁的张旺胡同迁出后，庄老师被赐府于油漆作胡同，可谓荣耀一时。

当溥仪醉心于西方文化、忙着定做西装的时候，金发碧眼的庄士敦却披着御赐的貂皮褂照相留念，每日在皇城文化的怀抱中生活起居。

溥仪在《我的前半生》中描写，"内务府在地安门油漆作一号租了一所四合院的住宅，给这位单身汉的师傅住。他把这个小院布置得俨然像一所遗老的住宅。一进门，在门洞里可以看见四个红底黑字的'门封'，一边是'毓庆宫行走'、'赏（紫禁城内）坐二人肩舆'，另一边是'赐头品顶戴'、'赏穿带股貂褂'。每逢受到重大赏赐，他必有谢恩折"。他室内的家具同样全套中式桌椅案榻，条幅字画，相当中国化。

这是庄士敦在中国最温暖的日子了。但好景不长，由于内务府后来掏不起房租（毕竟是皇城内，按规定不能获得房产证，只能租房），及溥仪被轰出了紫禁城，庄士敦在油漆作的时光也就至此画上了句号。

他与溥仪的关系虽师实友。他写下的《紫禁城的黄昏》，记录了一个没落王朝的最后岁月，引起了世界的轰动。回国后，他用稿费买下了爱丁堡的爱伦岛（不知道是稿费丰厚还是老外的土地不值钱），升起了满洲国的国旗，为他的皇帝学生祈祷，整天把玩溥仪所赐之物，无心世事。此时此刻，这个终身不娶的大男人柔肠百转，内心中一定充满了关爱与思念。而对于万里之外的学生而言，荣华易冷。"雨纷纷，旧故里草木深。我听闻，你始终一个人"。

《北京文物地图集》、《北京古建筑地图（上）》称胡同的21、23号院为庄氏的故居，而别的资料显示应为1号。21、23号是翻新的四合院和米粮库社区所在地。而1号为正在拆除的老四合院，门口还用粉笔写着"文物重地，谢绝参观"。1号的进深很深，与23号的后院似可相通。所以两者原本一体也未可知。

焕然一新的油漆作胡同23号。

院内已被拆除的油漆作胡同1号。

米粮库胡同

从内皇城出来，向南50米是米粮库胡同。

胡同不长。不过从上世纪30年代起，它大腕云集，堪称皇城内居住名人最多的胡同。忘了胡同里哪一家的宅门上贴了"大隐隐于市"的横批，算是这条胡同最好的写照。

如果说"沙滩大院"是一个时代断面，那么，米粮库胡同是折射近现代中国的一条时代线。

风雨如晦的民国之际、艳阳高照的新中国成立之初、乌云阴霾的"文革"时期、春风拂面的改革开放，文人、艺术家、军人、政要……当然还有寻常百姓，胡同里的住户不仅见证、还参与了这段波澜壮阔的历史进程。中国近代百年史，没有哪一条胡同比它更有发言权。高潮迭起，冲突不断。于细微处折射大时代，于无声处听惊雷。在我看来，这是另一段极好的文学和影视素材。

从单个建筑的"保卫和平"坊，到建筑群的西什库教堂，再到小社区的米粮库胡同，由小到大，由点及面，皇城内的故事，不胜枚举。这样的例子，还有很多。这是皇城留给后人的丰富的精神食粮和文化宝库，是珍贵的城市记忆。

胡同东口，曾经是陈宗藩先生的故居。1937年，陈氏将宅院卖掉，迁居马路斜对面的北月牙胡同。"七七事变"后院子被改建为"清源医院"。

除此前介绍过的陈宗藩、陈垣、傅斯年外（详见第二章，内皇城），旧3号院住过新婚不久的梁思成、林徽因夫妇。

旧门牌4号，1930年11月，胡适先生曾居住。他此前已住过缎库胡同（详见第八章，内务府）、陟山门街，但他的40整寿，是在米粮库度过的。这里也是他在北京居住时间最长的地方。徐志摩留学回国后，在北大教书，也寄居在他家的楼上。

胡适的弟子罗尔纲在《师门五年记》中详尽地描述了此宅："米粮库四号是一座宽绰的大洋楼。洋楼前是一座很大的庭院，有树木，有花圃，有散步的广场。庭院的左边是汽车间。从大门到洋楼是一条长长的路，从洋楼向右转入后院，是厨房和锅炉间，还有一带空地，后面是土丘，土丘外是围墙。洋楼共三层，一楼进门处作客人挂衣帽间，进入屋内，左边是客厅，右边是餐厅。客厅背后很大，作为进入大厅的过道……从那里向东就进入大厅，这个大厅高大宽阔，原来大约是一个大跳舞厅，胡适用来做图书室。大厅的南边是一间方形的房，是胡适的书房。"

每周日都有许多文人学者到此聚会，他的夫人江冬秀戏称为"做礼拜"，而胡适称之为"磨刀会"，大家一起切磋学问，不同的见解恰可碰撞出思想的火花。谈笑有鸿儒，往来无白丁。除徐志摩外，还有一些好友如徐悲鸿、丁文江等也都住在他家。罗尔纲也长期住在这里。胡适在此居住前后7年。"七七事变"前，他离开北京。

胡适走后，画家陈半丁迁入4号院。

陈半丁，浙江绍兴人。拜吴昌硕为师，与画家陈师曾（陈寅恪之兄）、齐白石等结为好友。"七七事变"后，他拒绝日伪政府的聘请，辞去国立北平艺专的教授之职，刻"强其骨"、"不使孽钱"的印章为座右铭。陈氏入住后，在庭院里种了更多的花、树，称之为"五亩之园"。五亩之园成为京城艺术家聚会之所，几乎每周都有宴会，"周宴"传为美谈。1951年，陈氏卖掉了4号院。

陈半丁走后，曾任外交部副部长、解放军副总参谋长的李克农上将一度在此居住。

他之后，住的是自称"小小老百姓"，实际上一度成为中国第4号人物的陈伯达。他住进后，一是加建了玻璃走廊，因为怕冷（他是南方人）；二是加建了书库，因为书实在多。居住米粮库4号期间，他的政治生涯迅速攀上顶峰，又突然跌入谷底。"庐山会议"后，他被软禁在家。"九·一三事件"后，他被投入秦城监狱，永远离开了米粮库4号。

1977年，邓小平第三次复出后，73岁时搬进了现在的1—3号院。一住就是20年，再也没有搬过家。

邓小平住进后，在院中栽花种树。大雪松、白皮松、核桃、石榴、玉兰……围绕庭院有一条水泥小路，他每天都在这条小路散步，五圈、十圈……在江西下放时，他就每天围着住宅散步，并把这个习惯带到了米粮库。

2009年7月29日，邓小平的夫人卓琳逝世。30日早晨，米粮库胡同的邻居还自发来到邓家灵堂进行悼念。

往事如烟。米粮库胡同的岁月成为人们心中难忘的彩虹。

高卧胡同

与恭俭南口相接的，就是景山西街的高卧胡同。

这条幽静的小胡同原称狗鹰胡同，但大概是这个名字太过奴气，便由"狗鹰"的谐音变成了含义截然相反的今称。

今称来自汉代的典故：一代名臣袁安还没有发达时，某年洛阳下起了鹅毛大雪，很多人外出乞食，唯独袁安卧在家里不起。洛阳县令按户巡查至他家，佩服他的节操，再细一聊，见他十分贤能，就举他为孝廉。后来袁安历任太仆、司空和司徒。"袁安高卧"，成为虽贫但不折腰示人的一种美称。

"雪满山中高士卧，月明林下美人来"。明代咏梅诗，以明初诗人高启的《梅花九首》最为著名，而《梅花九首》中又以第一首的这两句最为世人传诵。

作者在这两句中各用了一个典故。前句即用上述的故事，后句则指隋朝赵师雄夜晚酒醉遇梅花仙子的传奇。两句都用了拟人手法，来形容梅的姿态。前句是雪天的梅姿，强调的是梅（高士）之清高，后句是月下的梅姿，突出的是梅（美人）之秀美，而且一为"卧"，一为"来"，有静有动。诗句清丽，情致高远。

怎么样，虽然大老远绕了一圈皇城，可增加了历史知识，不虚此行吧！要您是盛夏时节到的这里，不忙前行，来杯老北京酸奶或者北冰洋汽水小憩片刻，在林荫与安详之中品味体会一下紧张之余的放松，忘却高楼大厦与汽车水泥的麻木，那是再惬意不过了。

雪池胡同

要是酸奶与汽水还不足以使您汗毛孔收缩，没关系，还有更冷的。

炎炎夏日，皇帝如何消暑降温？从高卧胡同南边的房钱库胡同向里走，到了与之贯通的雪池胡同，就找到答案了。

您首先经过的2号是一座普通的四合院，看上去与周围的民居没什么两样。从1921年到1924年，这里曾是林长民、林徽因父女的"雪池斋"。旅英归国的林家父女之所以选择在雪池胡同安家落户，原因之一也是近"冰"楼台先得月——在欧洲养成的夏季吃冷食的习惯，守着附近的冰窖正方便。而从这条因冰得名的胡同里，走出林徽因这样一位冰雪女子，也成了一段佳话。虽然人面不知何处去，但看着这座院落，不经意间却想到一首歌——《原来你也在这里》。

和北总布胡同里著名的"太太客厅"不同的是，雪池胡同2号的"林家铺子"记载了林徽因情窦初开的少女时代。那时在离胡同不远的培华女校上学的林徽因，就是在这里和梁思成定下了金石之盟。而这里也是徐志摩1922年归国放下行李就迫不及待来的地方，如今仅余假山一座。

想当年，兴致勃勃的徐志摩正待向林徽因求婚时，中堂悬挂的"长者有女年十八，游学欧洲高志行。君言新会梁氏子，已许为婚但未聘"的诗却让大诗人吃了闭门羹，最终这段凄美的爱情无果而终。

之后随着林长民官场失势客死他乡，"雪池斋"也终被废弃。新中国成立后改为景山西街幼儿园，1998年又改为敬老院。院里老人们的夕阳红日子看上去很美，只是他们大多不知道谁是林徽因，更不知道这里曾住过一位旷世才女。

午后站在北京城心脏地带的这座小院里，感觉安静得仿佛时间都停止了。想想对于把心灵自由看得至高无上的林徽因来说，在岁月静好中隐入历史云河，又何尝不是一种幸福？

紫禁城出版社1992年出版的《宫女谈往录》中载："把新采上来的果藕芽切成薄片，用甜瓜里面的瓢，把籽去掉和果藕配在一起，用冰镇了吃……"简直可以做现在很多无语广告的教科书。

北京明清时期有许多冰窖，分为"官窖"、"府窖"、"民窖"三类。据《大清会典》记载，清廷在京城设四处官窖18座，由工部都水司掌管，特供宫廷和官府用冰。都水司的采冰定员是120名，享受皮裤、皮袄、皮手套的"三皮"待遇。"民窖"是在清代末期出现的。

因为冰的质量与水有直接关系，所以冰窖都建在水域周围，如护城河、玉河、什刹海、太液池等。

皇城内最著名的冰窖就是雪池胡同的冰窖，冰取自太液池。

雪池，典出"雪窖冰天"，是冰窖的雅称。雪池冰窖建于明万历年间，共6座，1~4号较小，5、6号较大。主要供宫中夏季消暑、冷藏皇室食品和国家大典祭品使用。

窖顶是"人"字形起脊双坡，覆盖的原本是黄色琉璃瓦，不过现在都被拆光了，换上的是大打折扣的青瓦。青瓦斑驳，枯草数根，和煦阳光之下，倒也顽强。内部为拱形，有台阶通向窖底。冰窖全部由城墙砖构成，窖门就有1米多厚，密封隔热性能非常好。

冰窖外设井一口，井底比窖底深1米多，与窖相通，用于排泄窖内融化的冰水，可见当时的设计多么周密。

北京档案馆一份民国承包合同记载：民国五年（1916年），"公府庶务司杨存毅包办北海水产、冰窖，每年租金4 000元，合同三年，除每年义务提供公府及皇室用冰8 000块以外，其余冰块及水产各物由包办人经营售卖"。这是档案馆中现存北海公园最早的一份私人承包合同书。

1925年，北海开放为公园，雪池冰窖由北海董事会管理。1934年《北海事务报告》统计，当时园内共有私商店铺16家，冰窖、水产及部分游船都由私商承租经营。1950年，公园接收了雪池冰窖。雪池冰窖也成为北海第一个国有商业部门。冬季仍用于储冰，春秋两季为北海仿膳储存肉类、蔬菜、水果。

冰窖曾于1961年和1968年进行了两次较大的设备改造和修缮，将原用人工顺坡往上拉冰的运冰方式，改成提升架和铁滚道——将冰提起顺滚道走冰，大大地减轻了工人的劳动强度。1979年，雪池冰窖停用，共计储冰近400年。

从1978年至1996年，1—5号窖被逐渐拆除或改造。据说以前没空调的时候，附近谁家有孕妇热得难受，就穿着防寒服到这儿待会儿（彩图十一），绝对避暑，还对孩子智力发育好。

5、6号窖之间，还有一座窖神庙，里面供奉窖神。窖神是哪路神仙？走进一看，不禁哑然失笑，原来是济公大师。这位鞋儿破帽儿破表面上酒醉疯癫，却专管天下不平事的神僧不仅是冰窖窖神，还是砖窖、煤窖等一切窖业之神。

大、小石作胡同

跨过陟山门街，雪池胡同斜对面就到了大、小石作胡同。在清代这里名为石作胡同，后又分为大石作胡同和小石作胡同。大石作胡同今尚存，小石作胡同已消失在新盖的楼群之中。

曲曲折折的大石作胡同，也有着一波三折的故事。乾隆年间，有位叫俞君弼的石匠去世，他一生在石作当差，不知承袭了几代家传，也不知承接过多少皇家工程。凭着一手的绝活，领着丰厚的余润，死时家资已极富。可叹石匠膝下无子，死后撇下万金，临终前托付义婿许秉义照应家产。

这令俞氏家族其他人极为不满，放出风来要收回家产。许秉义绝非等闲之辈，他与同其联宗的内阁大学士许天馥商议，托其遍邀九卿吊唁，来者每人可得2 000两谢银，以此借势弹压俞姓族人。

真是有钱能使鬼推磨。经许天馥张罗，百官纷纷往吊，谁不愿做既送人情又领银钱的好事？天馥，天馥，银子天天有！一时间，俞石匠家门前，车水马龙，达官显贵接踵而至。但按清律庶民死了不得会丧，违者按越制论。

乾隆急命兵部尚书鄂善前往查办。精明干练的鄂善不几天便查个水落石出，将石匠义婿以律定罪，将内阁大学士许天馥、礼部侍郎吴家驹、詹事府詹事陈浩革职法办。

一场九卿吊石匠的风波，快刀斩乱麻地解决了。当鄂善还陶醉在乾隆的褒奖中时，一纸诉状告到皇帝面前，说鄂善在办案时收了俞氏家族1 000两白银贿赂。鄂善并不是善，而是恶。

乾隆勃然大怒，亲提鄂善询问。鄂善死不承认，乾隆心生一计，引其进密室，说："这事朕已掌握了足够证据，和朕说了朕另有处置，不再追究。"鄂善被乾隆一诈，承认从俞家拿了1 000两白银的事实。刚一招认，乾隆把脸一沉说："你是我深为信任的大臣，负恩至此，国法不容。"

于是命刑部带走严处。刑部自然是看着皇上的脸色行事，不久鄂善被赐自尽。区区1 000两，不过合现在几万元，鄂善就断送了性命。大石作里的故事，但愿能给那些想向金钱伸手的官员敲一记警钟。

除了官场上的勾心斗角、步步惊心外，大石作胡同也不乏普通人的温情脉脉。民初，顾颉刚、王伯祥（现代文史研究家）、吴辑熙（摄影艺术家）、潘家洵（《易卜生戏剧集》译者）四位苏州老乡曾在胡同的一所四合院里同住了两年。

这所房子是溥仪满文老师伊克坦的故居。在此期间，顾先生喜看京剧直接促使他对民俗学的研究，提出了"层累造成古史"观。后来，第五位苏州老乡叶圣陶也来了。顾、王、叶有"玄妙观三年少"之称。

消失的小石作胡同，居住过两代国学大师，汤用彤与汤一介。

汤用彤在哈佛期间，因为博学与陈寅恪、吴宓一起被称为"哈佛三杰"。从1931年起，他在北京大学开始了长达30余年的执教生涯。1948年底，时任北京大学校长的胡适离开前，把北大的一切事务都托给了汤用彤。1949年4月北京市市长叶剑英任命他为北京大学校务委员会主席，行校长之职。1951年后一直担任北大副校长。

汤用彤在北大执教时居住在他父亲于南池子大街缎库胡同（父亲汤霖，清光绪十六年进士）内所购的大宅院中，直至抗战爆发后将缎库胡同旧宅卖掉，随学校南迁至昆明。1946年他回京后就在小石作胡同新宅中居住。这时其子汤一介已经19岁了。1947年夏，他考入北京大学哲学系。

据汤一介回忆，小石作胡同3号院是南北向的四合院，有北房五间，东西厢房各三间。正院还带一个小跨院，里面有厨房。汤一介在这里度过了大学时光，走上了哲学研究的道路，并与他后来的夫人乐黛云相识、相恋。如果说缎库胡同给汤一介留下的是童年回忆，那么，小石作胡同则给他留下的是青春记忆。

十

....

皇城的今生

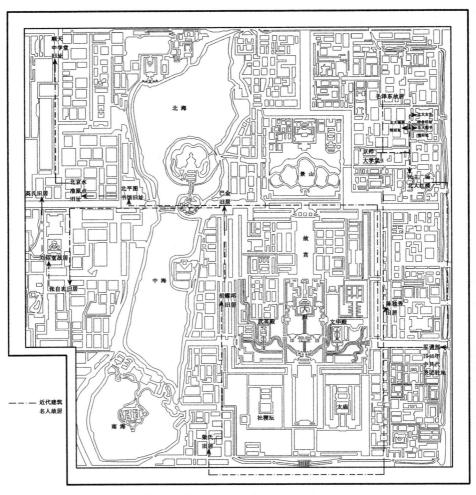

皇城内的近现代建筑和名人故（旧）居。

近代百年，是中国历史上变革最快的时期。古老的皇城打开了封闭的大门，从此一发不可收拾。西学东渐、蜕旧出新、与时俱进，皇城成为近代中国民主与科学的策源地之一，深深影响了中国的历史进程。

共产主义小组成立、"五四运动"、"一二·九运动"……这些重大历史事件都发生在古老而又充满朝气的皇城之中。毛泽东、陈独秀、张自忠……一连串轰轰烈烈的名字罗列出来，俨然就是一部中国现代史。北大红楼、北平图书馆、水准原点……这些受西方思潮建立又见证风云岁月的建筑，是皇城在新时期续写的传奇。

京师大学堂

沙滩后街，清朝时因街内有明代御马监马神旧祠而名"马神庙街"。乾隆帝第四女和嘉公主的府邸就在这条街上。民国年间，这条街被称作"景山东街"（现在的景山东街原名景山东大街），1965年整顿地名时才称今名。

乾隆皇帝共有11个女儿，除一个养女为弟弟弘昼所生外，其他10个都是亲生的。其中四女儿被封为和嘉公主。由于公主生下来后，手指之间有蹼相连，呈佛手状，被民间称作"佛

被 restaurant 挡住的公主府。

手公主"。四公主和驸马都很短命，没过30岁就先后谢世。于是，这座公主府被冷落了一个多世纪。

1898年7月3日，光绪帝批准设立京师大学堂，由孙家鼐（咸丰年间状元，曾做过光绪帝的老师）主持创立，校址在公主府等处。许景澄任中学总教习，美国传教士丁韪良博士（W.A.P. Martin）任西学总教习，并赏予二品顶戴。这个惊世骇俗之举，从一开始便打上了浓重的西学印记。

学堂成立时，一方面是全国最高学府，同时也是主管全国教育的中央衙署，有点既是运动员又是裁判员的味道。原公主府的中路即为衙署。当时共修复了府中房屋340余间，新建

130余间，1900年以后又扩建校舍120余间。

公主府的正殿是公主大殿，作为学堂的大讲堂。大殿之后昔日公主梳妆起居的闺阁，是一座二层木结构小楼，被辟为藏书楼，这也是后来北大最早的图书馆，直到"文革"被拆除。

今天莘莘学子心目中的圣地——北京大学刚开张时到校者不足百人，次年才增到二百余人。学生大多是"官二代"，就连上操，也是被喊"老爷，向右走"，"大人，向左转"。他们对读书毫无兴趣，而是热衷于打麻将、吃花酒、逛妓院。

八国联军入京，学堂被德、俄两国侵略军占领，校内建筑、仪器大部分被毁，两年后恢复。同年，京师大学堂并入了同文馆。新任命的管学大臣主持制定了《钦定学堂章程》，这是我国第一次正式公布的完整学制。中国教育史上应该记住这位管学大臣的名字：张百熙。

1912年5月，北京临时政府改京师大学堂为北京大学，这是民国时北京第一所国立大学。

1918年，北京大学本部从此处迁到沙滩红楼，这里更名为"北大二院"，设理学院。李四光从这里带领学生出发寻找中国大油田，华罗庚归国后第一次公开演讲是在公主大殿，曾昭抡曾带领学生在这个院子里做化学实验……

1952年，北京大学举校迁往海淀。"北大二院"先后被人民教育出版社、语言文字改革委员会、高等教育出版社等单位使用。

人民教育出版社是1955年进驻这座老园子的。当时给中小学生编写课本的都是何许人也？且罗列如下：

文学家叶圣陶，语言文字学家魏建功，语言学家朱文叔，历史学家陈乐素，历史学家、哲学家胡绳，生物学家、科普作家周建人，语言学家吕叔湘，隋唐史专家王永兴，教育学家朱智贤，世界史专家齐世荣，文学家吴伯箫，作家张中行……

绝对的豪华阵容！几代人不断地从他们编写的课本中汲取着文化的养分。

西院花园（沙滩后街59号院）是大学堂的学生宿舍，民国时期称为西斋，也叫北大第一寄宿宿舍。大门是北京四合院传统的金柱门，正对门有影壁。从右侧绕过影壁，便看见一条长长的甬道。

西斋有15排平房，165间学生宿舍——1904年所建。建筑形式为中式硬山顶，但它的窗户却是西式半圆券拱窗，整个建筑中西结合。用张中行先生的话讲：西斋乃最早的中国大学男生宿舍。16年后的1920年，北大才招了3名女生。北大红楼建成前，这里有部分房间曾用作文科教室。

在"老灰楼"建设前，西斋是宿舍中条件最好的。因为一来斋中有造饭的厨房（从西斋饭厅到"西门鸡翅"，北大的

"西"食源远流长）；二来房间较大，便于个性独立的学生用布幔蚊帐隔断分开。

1917年秋季的一天，西斋某宿舍中，青年学生傅斯年找顾颉刚商谈一件事：是否要将一个叫胡适的教授从中国哲学史的课堂上赶走。理由是原先的教授讲中国哲学史从三皇五帝讲起，讲了半年才到周公。这位海归的胡教授不讲唐虞夏商，直接从周宣王开讲。有同学说这不是割断中国历史么？胡教授真成了"胡"教授！这样的人怎配来北京大学登堂授业！顾同学则觉得胡先生讲课有新意，希望傅同学去听听课，再做评价。

傅同学去了，过程的细节不知。但人们知道的结果是：一、胡教授的中国哲学史顺利讲了下去；二、胡、傅、顾都成为"古史辨"阵营的领军人物，直接或间接地推动了近代考古学在中国的诞生，在中国学术史上具有划时代的意义。

历经沧桑变化，如今的西斋，已变成一所拥挤不堪和杂乱无章的大杂院。房与房之间，已盖起形形色色的小厨房，各家还搭起储煤棚，使通道变得更加狭窄，上面架满各类凌乱的电线。哪里还能看出当年恰同学少年，风华正茂的大学生宿舍？

沙滩后街55号人民教育出版社老干部处院内，隐藏着大学堂时期的大讲堂（彩图十二）。前廊四根红色的立柱，室内屋顶上有精巧的藻井，是当时学校内最大的教室。民国初年

历尽沧桑，如今凌乱的西斋。

作为文科第一教室，以后又改为可容纳200人上课的阶梯大教室。在老北大历史上，一些讲座和集会，常常选择在此举行，蔡元培、李大钊、胡适、鲁迅、梁漱溟等，都曾经常在此演讲和上课。西侧耳房，是教授们课间休息的地方。

　　沙滩后街57号院内北侧原为公主府的宅院，清末为大学堂总监督的办公处。民国初曾为国史馆。此后直到抗日战争爆发，这里是老北大的校长办公室及总务、教务等部门所在地。

　　经一位出来倒垃圾大妈的指点，我进入人教社东边的华育宾馆，找到了京师大学堂的数学楼。楼的正门还挂有大学堂的牌子。楼基本保持原状——造型采用简化的罗马券柱式。

数学楼为二层砖木结构，大约在1904年至1905年间落成，起初是公共教室楼。十字交叉的走道，将平面划分为每层四间方形教室。在大学堂时期被称作大洋楼，民国初年一度作为理科大楼，在1915年的《关于未来计划事项》中，曾将其规划为文科楼。20世纪30年代后期数学系计划使用此楼，因此被称为数学楼。

我正在看墙上的文物简介，一群古稀的外地游客在年轻女导游的带领下前往华育宾馆的餐厅。他们询问为何要到这样

数学楼是保存最为完整的京师大学堂早期校园建筑。

一个偏僻的地方吃饭，导游的回答是这里离饭后要去的景山公园很近。不知她是否知道这里曾经的过去，这里在近代中国的历史上谱写过什么样的篇章。

北京大学女生宿舍旧址

出了京师大学堂旧址，向东路过大学夹道和一小段热闹市场，到达丁字路口转向北。行约300米后，路东的沙滩北街乙2号内有梁思成、林徽因伉俪设计的北京大学女生宿舍旧址。

1935年，北京大学在大操场北部盖了一座高年级学生和研究生宿舍楼。该楼远看就像兵营，当时称"新四斋"，现在叫"老灰楼"。整栋建筑呈马蹄形，分成八个大的居住单元。按《千字文》起头八个字排序，即从大椭圆形门洞往东再往北回转，依次为天、地、玄、黄、宇、宙、洪、荒。前四号男同学住，后四号女同学住。

抗战胜利后全楼改为女生宿舍楼。在紧贴荒字楼前面有一个2米长带靠背的石椅，石椅上方的楼墙上嵌一块长90厘米、宽40厘米的汉白玉，上刻"国立北京大学宿舍中华民国二十四年五月一日校长蒋梦麟奠基"27个楷体字。

梁、林设计的北京大学女生宿舍楼。

北京大学图书馆旧址

劳您驾走一次回头路，回到刚才的丁字路口，东边的沙滩北街2号院内有北京大学图书馆旧址。

1934年，北京大学拆掉了松公府西南部分房屋，兴建了建筑面积约6 600平方米的新图书馆楼。工程于当年4月15日开工，次年10月10日落成。一说该楼由著名建筑师沈理源，另一说由梁思成、林徽因设计。

由于主持建馆的蒋梦麟曾赴美留学，故当时电气、暖气、卫生等设施全部仿照美国本土风格。整个馆舍，无论从哪个方面看，都称得上是当时国内第一流的图书馆，在国际上也可跨入先进之列。

馆成之时，"楼前大树多株，树下绿草铺青毡，草上杂花，道旁嫩柏织路墙，鲜翠欲滴，身临其境，顿觉心旷而神怡"。

开馆之日，北京各大报纸都在显著位置刊登消息，社会名流也纷纷莅临祝贺。目前，该馆舍作为图书馆仍在继续服役，钢制书架虽已使用70多年，但和现在的同类设备相比毫不逊色（彩图十三）。

任继愈先生在《松公府旧馆杂忆》中写道："大学二三年级期间，旧北大的新图书馆落成，地点仍在沙滩松公府，靠近北大西大门。新建的图书馆，采用钢门窗结构，宽敞明亮，一扫旧馆沉闷幽暗的气氛，这个建筑在当时是最先进的。以中文阅览室为例，常用书、工具书如《四部丛刊》、《四部备要》、《二十四史》、《册府元龟》、《说郛》、《通典》、《通志》、《文献通考》、《玉海》……等书，沿墙排列了一周，随手查阅，十分方便。同学带来的书，从书库借来的书，都可以摊在阅览桌上。中午出去吃饭，摊开的书可以不收拾，回来接着看。需要剪剪贴贴的，还可以把剪刀糨糊放在手边。历史系有一位陶元珍，经常把《张太岳文集》放在中文阅览室，旁边摆着剪刀和浆糊，他后来成了研究张居正的专家。"

1954年5月的第二次全国宣传工作会议召开后，中宣部的图书馆和行政部门陆续搬入北大图书馆旧址。

北京大学地质馆旧址

隔壁的沙滩北街15号院内有北京大学地质馆旧址。

这里原是清乾隆朝大臣傅恒的家庙"恪喜公祠"。祠堂内除了供奉他夫妇及其先祖外，还立有表彰傅恒平定边疆内乱功绩的《乾隆敕建碑》。碑文记述了金川战役及乾隆帝为傅恒建祠的情况。此碑1986年移至五塔寺北京石刻艺术博物馆，成为该馆收藏雕刻艺术最精美的宗祠碑之一。

1931年，北京大学购得此处房产，并开始兴建地质馆。

据记载，地质馆"自民国二十三年（1934年）五月间起工，至二十四年（1935年）七月竣工，计土木工程费用并暖气卫生工程、电气工程，及工程师设计费共六万余元。合其他设备计五千五百余元合共六万六千余元。经费由本校与中基会合作特款及本校经常费拨付，并由本校地质系李四光、丁文江二教授捐薪资助"。

"建筑式样为L形，占地七百九十一平方公尺。南部为三层，北部除地窖外为二层。除楼板屋顶及四周大料用铁筋洋灰

右边的楼是北京大学地质馆旧址。建筑平面、立面均为不对称式，体形随功能要求变化。

外，其余均用砖砌，由梁思成工程师设计，北平卫华、海京两厂承包建筑"。

1935年8月，北大地质系由二院（马神庙街京师大学堂旧址）北楼移入地质馆，成为北大历史上第一个拥有独立教学实验楼的理科系。

地质馆是我国最早引进西方现代主义建筑的优秀作品之一，同学生宿舍、图书馆是老北大的新三大建筑。有意思的是，这座当时现代感十足的建筑是以中国古建筑研究闻名的梁思成先生设计的。

现地质馆建筑保存较好，只是1976年地震后在外墙增加了抗震框架，室内也进行了局部改造装修。1952年院系调整后，地质馆连同老北大工学院校舍都成为北京地质勘探学院（中国地质大学的前身）的校舍，现为中国社会科学院法学研究所等单位使用。

北京大学红楼

沿沙滩北街一直向南，即可见路东那组《曙光》的新文化运动浮雕。到达五四大街后，向东一拐，就到了29号的北大红楼。

1912年，京师大学堂改为北京大学。但4年后，原属京师大学堂的分科大学，由于军队占用无法收回。没房怎么办，盖。时任校长兼工学院院长的胡仁源、预科学长徐崇钦向比利时仪品公司借洋二十万元。胡仁源亲自设计，在操场最南端、东斋以东，动工建造了具有简化了的西洋近代古典风格的教学楼。

新楼1918年8月落成，呈工字形。由于通体用红砖砌筑，故名红楼。建成后，红楼改为北大第一院。原京师大学堂为二院，北河沿原译学馆为三院。

红楼地上四层地下一层，总面积1万平方米。门廊两侧坡道可供车停至门前。

第一批全国重点文物保护单位的红楼当时似乎与周边的

环境不甚搭调。1947年毕业于北京大学的邓云乡教授在《文化古城旧事》中写道："沙滩红楼及西面办公处，更无风景可言。布局是广场式建筑，红楼前没有什么花木风景，虽有长条院子，实际等于临街高楼，后面的大操场，一百多米远处，才有新盖的宿舍楼，整个操场，真是形同'沙滩'，只有靠东墙边有几株歪脖子树，实无风景可言了……办公处大门外有几株槐树，夏日稍有绿意。图书馆前，略有绿化，面积也很小，点缀而已。"但就是以红楼为代表的一批优秀的近现代建筑的出现，让皇城在新的历史时期注入了新的内涵。

红楼还与中国共产党的诞生结下了不解之缘。在这里，李大钊、邓中夏等建立了北方第一个马克思主义研究小组并召集过少年中国学会的会员开会，他们还和刘仁静、罗章龙等于1920年10月发起成立了北京共产主义小组。

文学巨匠鲁迅、文学大师胡适、钱玄同、沈尹默、刘半农等都曾在北大红楼执教。几十年来这里还走出了如沈雁冰、杨昌济、马叙伦、马寅初、李四光、朱自清、俞平伯、冯友兰、张中行、任继愈、季羡林等学识渊博，为中华民族优秀文化的继承、发展和传播起了重大作用的著名教授和专家。

《新青年》、《每周评论》、《少年中国》、《新潮》、《国民》等进步刊物就是从红楼印刷厂输送到全国的。如此深厚的历史

北大红楼,新文化运动的中心,北京早期马克思主义者活动的重要场所,"五四"运动的发源地,中国近代民主与科学的策源地之一。

北大红楼教室,鲁迅曾在此授课达6年之久。讲授"中国小说史",广受学生欢迎。黑板上的"中国小说史略"几个粉笔字,似乎表明斯人并未离去。

和人文渊源，使"北大红楼"历经时代变迁而始终令人瞩目。

见证了"五四运动"的集结出发，"未名社"的蓬勃壮大，沦陷期间的凄冷阴森，红楼在风雨洗礼中一路走来。

1952年院校调整后，北大迁至海淀原燕京大学旧址并与之合并为新北大，红楼改由国家文物局使用。1984年5月初设置了"红楼纪念牌"。2000年国家文物局迁出，2002年4月29日，红楼改为新文化运动纪念馆，并对社会开放。

2000年前后，有关部门在北河沿大街与五四大街交汇处路口偏北，耸立了形象为报纸头版的一角从地平线上升出来的三角形"五四纪念碑"。上面镌刻着中国新民主主义运动的先驱们，背面的诗文介绍了"五四"的历史环境。

2003年，《求是》杂志社与东城区景山街道办事处等单位在"五四纪念碑"旁建造了上部是火炬形状的"同心碑"。刚才看到的《曙光》的石刻浮雕也是同时树立的。

如今，红楼依然庄重深沉，默默地散发一种撼人的魅力。

民主广场

红楼的北面就是著名的民主广场。

光绪二十八年（1902年），内务府给京师大学堂拨地增建校舍后（详见第八章，"松公府"），当时首先建了操场。操场西侧街道的名称在宣统年间，也被改为"操场大院"。

操场面积很大，却没有任何体育器材和设施。只有在冬季围上席棚，临时开一个溜冰场。突然想到十年前北大的未名湖上冻后还可以滑冰，看来滑冰和"西"食一样在北大是有传统的。只是一晃十年过去了，现在的未名湖不知还能滑冰否？一起滑冰的人都在何方？冰是人非，怅然若失。

大学堂的篮球场和网球场都在北河沿的三院，所以广场除了溜冰外，还用以上军事训练课。军训是体育课的一部分，也是大学一二年级学生的必修课。喜欢真人CS的可以真心羡慕：当时军队各种型号的轻重机关枪、迫击炮、平射炮、山炮、弹药箱、手榴弹、步枪、防毒面具、刺刀等应有尽有；并在操场西侧的小礼堂旁边开辟有沙盘战术教室，沙盘上摆放了步、马、炮、工兵、辎重、战车、汽车的各种实物模型，供学生演习行军作战排列阵式之用。比现在大学新生21天的军训怎样？ 1956年，中宣部修建办公大楼打地基时，挖出了包括机关枪在内的很多枪支弹药，可能就和大操场的军事训练课有关。

光绪三十一年（1905年）四月二十五日，京师大学堂在操场上举办了首届运动会。主要项目有：一百至八百米竞走、赛跑、跳远、跳高、撑杆跳高、掷槌、掷球、越栏竞走、犬牙形竞走、拉绳等。

光绪年间进士、京师大学堂提调金梁在《光宣小记》中记述：为了开运动会，学生们穿上了像满清军衣的运动服。可大学堂的官员"仍旧衣冠，翎顶袍褂，周旋其间，已觉不类"。在京城的一些大小官吏和部分外国人也应邀前来参观。进行赛跑比赛时，官员和学堂的职员一样，都穿着长袍参加，显得不伦不类。虽然他最后总结，"这样的运动会，真可入《笑林广记》"。但这毕竟是皇城有记载的第一次运动会。会后当晚，在大操场放映了电影，这也是有记录可查的紫禁城以外的北京人第一次欣赏电影。

不久，大学堂在操场西南隅，今沙滩北街甲2号的地方建造了叫"东斋"的宿舍。东斋院落不大，房间也很小，为一列列朝南或朝北的排房。

1955年底，中宣部机关办公大楼开工修建，把民主广场分割成两部分。

军调部1946年中共代表团驻地

游览了一系列北大的建筑后，走出厚重的五四大街，沿北、南河沿大街向南来到南河沿（东安门）大街1号。

这块地皮原是著名京剧大师梅兰芳在上世纪30年代所购，

准备建戏院，未及建造就爆发了抗日战争。北平沦陷后，日本侵略者抢占此地，建了日本高级招待所，起了一个倒很有诗意的名字翠明庄。日本投降后，归国民党政府励志社（蒋介石、宋美龄直接控制，由张道藩、黄仁霖为主任的一个组织）使用，后又为总部设在南京的美军后勤部北京分部。

1945年，国共双方签订了著名的《双十协定》。次年为研究协商军队问题和监督停战协议的执行，调解冲突，由中共代表周恩来、国民党代表张治中、美国代表马歇尔组成三人军事小组。由叶剑英、郑介民、罗伯逊（正式代表为吉伦）组成军调处执行部，简称军调部。主要任务是执行"停战协议"和三人小组有关协议。

1月14日，军调部在北平成立。中共代表团的驻地设在翠明庄。翠明庄实际上也是中共在北平城内公开的接待、通讯、联络机构。三楼临街的房间就是中共代表团安放电台的地方。这里还是中共重要的转运站，转送了一批干部和物资到解放区。

新中国成立后，周恩来曾在此接待过外国友人。这里还接待过许多中央、省、市领导及各级组织系统的干部，所以又被称为"党员干部之家"。

翠明庄主楼于20世纪50年代初期被焚。1998年在旧址上按原貌重建，辟为翠明庄宾馆。

军调部1946年中共代表团驻地现为翠明庄宾馆。大门坐西朝东，为硬山式绿琉璃瓦顶，带吻兽及小兽。

北平图书馆旧址

北平图书馆旧址，敢问现在何方？沿南、北长街行至文津街西街，路北的三间琉璃门和两座石狮子看到了没有？

北海西墙外的明代玉熙宫，本是演出戏院。明神宗曾选了三百名近侍在此学戏。"谁的江山，马蹄声狂乱？"某次崇祯皇帝正在此宴戏，快报汴梁失守，亲藩被杀。皇帝大恸，从此便不再来玉熙宫了（《金鳌退食笔记》）。

满洲八旗原为游牧民族，以骑射得天下，入主中原后，仍不离其习俗。康熙年间，将玉熙宫改为马厩。1931年，这里又变成了中国第一座现代化的图书馆——国立北平图书馆。图书馆建成后，继承了南宋以来的皇家藏书，入藏了来自承德避暑山庄文津阁的《四库全书》，因此门前的街道被命名为文津街。

国立北平图书馆的首任馆长是袁同礼先生。他学贯中西，

文津街7号，北平图书馆大楼具有中西合璧的风格。

精于管理。在他的带领下，图书馆短短几年时间就加入了世界图书馆协会，成为与牛津图书馆、东京帝大图书馆等著名大馆并驾齐驱的藏书点。更可贵的是他善于用人，培养了赵万里、孙楷第、谢国桢等闻名海内外的大学者。此后，梁启超、马叙伦、蔡元培等先后担任馆长。

文津阁中的《四库全书》是七部《四库》中保存最为完整的一部，在文津楼中，仍是原架、原函、原书完整地保存着。《四库》共36 304册，分装在6 144个书函中，整齐有序地摆放在当年高大的128个书架上。夹板、丝带、铜环一如当年。翻开书册，即见"文津阁宝"的朱印、"纪昀复勘"的黄笺和端正的馆阁体楷书，令人叹为观止。

图书馆主楼仿清宫式宫殿楼阁，绿琉璃庑殿顶。主楼之后，有座文津雕版博物馆。

我在馆内询问了几位工作人员，当年蔡元培撰、钱玄同书的石碑今在何处，皆答不知，其实它就在主楼前东。

国立北平图书馆前身为1909年清张之洞奏请筹建的"京师图书馆"。新中国成立后该馆称为"北京图书馆"。以该馆为基础建立的国家图书馆，是全国最大的图书馆。1987年后，这里成为国家图书馆古籍馆。

在白雪、青松的衬托下，大师所立的石碑，显得更为庄重。

北京水准原点旧址

再向西行约300米，就到了位于西安门大街1号的北京大学第一医院妇产儿童医院。咳咳，我们不是来看病的，目标是它——医院西北角的北京水准原点旧址。

1915年，民国政府陆军部测地局招聘日本商人设计建造的它，是北京乃至华北地区建设最早的水准原点。

它的形制为仿古希腊建筑风格造型，其平面呈正方形，边长4.5米，坐北朝南（彩图十四）。正面是由两根花岗岩石柱支撑的三角山花组成的门头，下置"水准原点"石刻匾额及观察窗。窗内花岗岩台石上面镶嵌水晶标尺，零分划在中间，上下各注记8个厘米16个分划。

北京水准原点是专业人员利用精密水准仪及配套水准标尺，以我国黄海平均海平面为基点，一段段导测至此。水晶标尺"0"刻度线，就是北京海拔的高度。它的设置，对于水文、军事、建筑、地震等各方面都极为重要。

顺天中学堂旧址

再向西到西黄城根北街，一路向北，就见到了北京四中的大门。它的前身是顺天中学堂。

这里本是明代的西什库和司钥库所在地。

光绪二十四年八月初四日（1898年9月19日）顺天府府尹孙家鼐、胡燏棻呈递《奏设顺天府中学堂折》。8年后的六月，在今西什库筹建，并派潘祖荫作监督。次年正式创校。当时校园南院有植物园地，种有农作物，并建有一个古朴的井亭，颇有田园意境。所以校歌描述："半似乡村半似城，花木苍翠四

318

时荣。"

中华民国成立后，顺天中学堂由京师学务局管辖，委派王道元为校长。1912年9月29日更改校名为京师公立第四中学校。1949年3月15日北京市军管会委派李复生任校长。校名亦被改为北京市第四中学，并沿用至今。

"久闻大名，如雷贯耳。到这里来，真是三生有幸。"1995年11月7日江泽民总书记视察四中时如此评价。2001年2月国际奥委会考察北京时，四中作为唯一被考察的教育机构接受评估，为北京奥运会申办成功起到了积极的作用。

中学堂时代的建筑均已被拆，唯有采用西洋古典形式的老校门。2002年道路改造，老校门向西迁建，改为坐北朝南。

毛泽东故居

一圈转完后再回到东皇城，最后要逛的是近现代名人故居。第一站就是位于景山东街三眼井胡同的毛泽东故居。

清人朱一新撰《京师坊巷志稿》："东高房胡同，井一。《芜史》：新房之北则司礼监，南则御马监也。新房东西一街，南北一连、二连、三连等连，连之十字路口，各有井。案：高房胡同，当即新房遗址。《芜史》言十字路口各有井，今东西高房胡同之间有二眼井、三眼井，当即一连、二连、三连之地。二眼井，井一；三眼井，井一。"所以，三眼井是由三连井演变而来的。

三眼井胡同吉安所左巷是毛泽东1918年来京后，从豆腐池胡同杨昌济居所搬出后的住处，离北大红楼很近。寓居期间，他组织了湖南留法勤工俭学和驱逐张敬尧运动，并开始研读马列主义。斯诺在《西行漫记》中记载了毛泽东对当时的回忆："我自己在北京的生活条件很可怜……我住在一个叫三眼井的地方，同另外七个人住在一间小屋子里，我们大家都睡在炕上的时候，挤得几乎透不过气来。每逢我要翻身，得先同两旁的人打招呼。""隆然高炕，大被同眠。"

除了毛泽东外，蔡和森、萧子升、罗章龙、欧阳玉山等近十位著名人物也在此居住过。

但在这条巷内，我并没有找到身为北京市文物保护单位的毛泽东故居的标识。资料显示，应该是8号。走了一圈后，我发现门牌上只有7号与9号，而中间的一座院门上没有牌号。

正当我为它是否为8号而踟蹰时，大门打开。我自报家门并表示不会骚扰后，开门的中年男子依然似乎对我有很深的戒意。先道不知道这里是不是毛泽东故居，后说他的故居在豆腐池胡同（鼓楼大街杨昌济与毛泽东的故居，也被列为北京市文物保护单位），便关了大门。吃了闭门羹，我自然更无法进入了。

好在也有热心人。不远处的一哥们儿告诉我没有门牌的就是8号毛泽东的故居。原来墙上还有标识，后来不知怎么没有了。并说里面其实很普通，就是一般的大杂院，都是私人所住。

除了三眼井胡同，青年毛泽东在皇城之内还住过沙滩北大红楼、北长街福佑寺。

三眼井胡同的毛泽东故居。

陈独秀旧居

从毛泽东故居出来，向南经三眼井胡同、嵩祝院西巷、沙滩北街、北池子二条，到箭杆胡同寻找陈独秀的旧居。

传说"箭杆"原写作"箭竿"。"箭竿"是将高粱秆刮光后，糊上纸，用来扎纸人、纸马或糊房子顶棚做龙骨用的。胡同中当年有座卖箭竿的小店，也就因此得名。

箭杆胡同名为箭杆，实际上是光杆。因为胡同里只剩下一户人家，就是20号（旧时门牌9号）的陈独秀旧居。

该院坐北朝南，入口在东北角，是典型的蛮子门，木门也早已斑驳不堪，好在门墩和门簪还算保留完好。

1917年，陈独秀应蔡元培之邀出任北京大学文科学长时就住在这里，后来他创办的《新青年》杂志也从上海迁到这里。当时的箭杆胡同9号分东西两个院，房屋18间半。朝北的街门是箭杆胡同9号，朝西的街门是妞妞房9号。新中国成立初登记时的业主是孙志诚。孙家先人据说是"在宫里做事儿的"，房产来自祖上遗产，购于民国元年。当年孙家住在西院，东院整个租给了陈独秀。

东院北房三间是陈氏的办公室，南房三间是《新青年》编辑部，两间东房给车夫和厨子住，靠街门的小房是传达室。就这样，近在封建堡垒象征的紫禁城之旁，建立了反封建战斗的

"风流总被雨打风吹去"。紧挨陈独秀旧居的是民政部信访办公室。若不是因为此院是北京市文物保护单位,恐怕会与这条胡同双双消失。

前线指挥部。近一个世纪以前,这里曾是胡适、钱玄同、刘半农、沈尹默、周作人等人经常往来的地方。

虽千万人吾往矣。《建党伟业》中,陈独秀只身在新世界游艺场散发传单的独"秀"令人印象深刻。1919年6月11日夜,他散发传单被捕后,100多名军警包围了箭杆胡同9号,破门而入,搜走许多信件。陈被释放后,当面还在斜对门秘密监视他。

天马行空,独往独来。1920年1月,陈独秀放弃北大每月300块银元的高薪,从这里出发前往上海创建党组织。不久

《新青年》编辑部也迁回了上海。

梁氏旧居

绕到西皇城的南长街。南长街有座梁启超、梁启勋兄弟在北京的寓所，即当时的通信地址南长街54号，现在的大宴乐胡同26号。大宴乐胡同的前称是大烟筒胡同，这个名字与宝钞司的造纸作坊有关。

1912年梁启超流亡回国后，开始了在北京的政治活动。梁氏兄弟一起买下位于南长街的四亩地，并营建成三进的宅院。在这里打开了人物关系网络，完成了影响中国近百年的大事件。

梁启超在出任财政总长、司法总长的岁月中居住于此。后来他任清华国学院导师，每周六日回到这里居住。抗日战争和解放战争中，这里还一度成为秘密基地和庇护所，转移学生去解放区。

上世纪五六十年代，主人梁启勋每年春节和国庆节，都受到邀请，参加周总理主持的国宴，也与毛主席常有诗词上的探讨与往来。因为他的子女全部参加革命，家中曾经悬挂"革命家庭"的铜匾牌。1982年前后，彭真夫人的姐姐与齐白石的女儿也曾在此居住过。

梁氏旧居已被拆除。

胡耀邦旧居

　　沿南长街向北溜达到北长街，路西的会计司胡同25号是一所普通的四合院，但紧闭的大铁门又显示着它的与众不同。

　　这座院子紧贴中南海东门，但院门向外。胡耀邦担任中共总书记期间，为了工作方便，他就在院子后面的围墙上开了一扇通向中南海的门，前门一如既往开向普通百姓居住的窄小胡同。从"文革"后搬入，胡耀邦在这座普通又奇特的院落里生活直到其最后的岁月。

巴金旧居

从北长街向北行至景山前街，前街25号（时称三座门大街14号），是80多年前巴金、靳以居住过的地方（彩图十五）。

1932年，他们和郑振铎一起，在这里创办了大型文学刊物《文学季刊》。《文学季刊》只存在了两年，出版共8期，但它刊登了许多在当代文学史上举足轻重的作品，培养了不少文学新人。

巴金先生在《回忆曹禺》中写道："北平三座门大街十四号南屋，故事是从这里开始的。靳以把家宝（曹禺原名万家宝）一部稿子交给我看……在南屋客厅旁那间用蓝纸糊壁的阴暗小屋里，我一口气读完了数百页的原稿。一幕人生的大悲剧在我面前展开，我被深深地震动了！"后来在巴金先生的力荐下，《雷雨》在《文学季刊》第三期上首先发表，一部中国现代话剧史上划时代的杰作诞生了，曹禺由此成名。

张自忠旧居

向西穿过北海大桥，欣赏了北海和中海的优美风光后，来到府右街。府右街丙27号，是抗日名将张自忠将军的旧居。

张自忠旧居在自忠小学内。墙上有江泽民总书记1993年5月28日视察学校时的题词："少年儿童是国家的未来,从小要立下热爱祖国、奋发图强的志向,养成求知不懈、热爱劳动的习惯。"

　　此宅原是北洋军阀总统府侍卫长徐邦杰的房产,张自忠于1934年购得后,直至1937年均居住于此。当时他住在中院北房的东屋,东西厢房为客厅。现中、西院基本保持原貌,占地约4 600平方米。

　　张将军为国捐躯后,其女张廉云遵乃父"我的遗产不给子孙,拿出来办社会福利事业"的遗愿,在此创办北京私立自忠小学。1949年夏,张廉云又将学校无偿交给北京市人民政府。次年并入北京小学。1956年学校迁往原宣武区槐柏树街。自忠小学原址改为椅子胡同小学。1988年恢复北京市张自忠小学原名。

张将军的纪念碑树立在校内，上面镌刻有周恩来的悼词："其忠义之志，壮烈之气，直可以为我国抗战军人之魂。"冯玉祥的悼词："抗战以来以兵团长兼集团军总司令，亲率部队，冲杀敌人，受伤不退，力战身殉者，此为第一人。"

刘绍棠故居

向北行100米，拐入西边的光明胡同，45号是北京著名乡土作家、中国乡土文学的代表刘绍棠先生的故居。刘先生13岁就开始发表文学作品，20岁成为中国作家协会最年轻的会员，并在当年用自己的稿费买了这座小院。

小院是一座小小的三合院，没有北房，南房三间算是正房。中间明间是客厅，东间是卧室，西间是书房。书房很小，只有十多平方米，刘绍棠称其"蝈笼斋"。

他回忆说："我买了一所房子，住房五间，厨房一间，厕所一间，堆房一间，并有5棵枣树和5棵槐树，这个小院我已住了33年。"然而这33年他却是历经坎坷。1979年平反后他重返文坛，创作了《蒲柳人家》、《瓜棚柳巷》等深受欢迎的作品。现此故居已辟为刘绍棠乡土文学研究会。

刘绍棠的故居。在他被打成"右派"时,有一条罪名就是"刘绍棠年纪轻轻就在北京城里买下了房子,贪图安逸享受"。

英氏旧居

走出僻静的光明胡同,来到熙攘的西安门大街。向西行不到200米,路北的103号是一座临街的三开间砖木二层小楼,楼上原悬挂着一块很有意思的横匾"且住为佳"。这是英敛之为自己的住处所题,并撰写了《且楼记》。

英敛之,我国近代著名爱国天主教领袖、教育家和慈善家。现在,知道他的人可能不多,但他的后代却向他汇报他不是一个人在战斗，一个比一个名声大。他的儿子是著名教育家英千里，其孙是著名翻译家、表演艺术家英若诚，他的重孙是人人皆知的情景喜剧导演英达。《我爱我家》有着骨子中的基因。所以地杰人灵，至于你信不信，反正我信了。

英敛之1917年后常住且楼。小楼上下各三间房，均为一明两暗，后又加盖了四间房，共十间。当年二层为他的书房兼工作室。三间房藏满书籍，南墙全是书柜。楼下两侧为卧室，中间是会客室兼餐厅。另四间为储藏室、厨房等。1926年英敛之病逝于且楼。

上世纪80年代末，且楼还保存完好。但经过翻建，却成为一处银行营业楼。东边101号倒是一座三层西洋式建筑，巴洛克风格的主立面上缀满了精美的浮雕纹饰。

近现代以来，皇城内居住过的其他政要名人、文贤雅士还有：

陈宝琛（住灵境胡同）、司徒美堂（住北池子）、柳亚子（住北长街）、吴晗（住北长街）、贺龙（住景山社区）、叶剑英（住北长街）、陈云（住北长街）、吕正操（住北长街）、肖华（住景山社区）、张奚若（住北长街）、班禅额尔德尼·确吉坚赞（住北长街）、钱之光（住北长街）、周荣鑫（住北长

左边的某银行才是当年的英氏旧居。右边的欧式楼是座咖啡馆。中与西、矮与高、新与旧、亮与暗搭配在一起，这协调吗？

街）、陈秀禾（住北长街）、李瑞环（住南长街）、刘宁一（住南长街）、丁国钰（住北长街）、贾林放（住南长街）、李范一（住南长街）、李宗仁（住北长街）、何其巩（住北池子）、楚溪春（住南长街）、侯宝林（住地安门内织染局）、林海音（住南长街）、秦兆阳（住北河沿）、于是之（住西华门外）

......

至于学习、工作过的，更是繁星璀璨。

朝代积淀、人文印痕，众多的名人故（旧）居，是皇城最珍贵的文化财富之一。昔日，他们或以文章警世、激扬文字，或以人格感民、万世师表，或以行动安邦、指点江山。后人仿佛在晨雾中采蘑菇的小姑娘，顺着一个线索就引出了一大堆。

有意思的是，居者以政治、文化、艺术界人氏居多。皇城厚重的文化氛围成就了他们，他们自身的光彩也让皇城熠熠生辉！

附录

一、皇城主要地点变迁表

元	明	清	现今	备注
	内宫监	内宫监胡同	恭俭胡同	
	内库供应府	内府大街	纳福胡同	
	尚衣监	针工局	河北驻京办	
灵圃	万岁山	景山	景山公园	
	番经厂、汉经厂	法渊寺	中国进出口银行	
	印绶监	老虎洞胡同	台湾民主自治同盟中央委员会	
	都知监	马神庙街	成都驻京办	
	御马监以北	松公府	《求是》杂志社	
	御马监		国家文物局	
			北大红楼、民主广场	
太液池	西苑		北、中、南海	金称太宁宫等
	中书房	宣仁庙	不开放	
	混堂司	凝和庙	北池子小学	

（续表）

元	明	清	现今	备注
	里草栏场	御马圈	《中国工商》杂志社	
	南膳房	妞妞房	孟公府	
	南膳房、明器厂	骑河楼街以南	最高人民检察院	
	尚膳监	盔头作	民政部	
	光禄寺	英亲王府、光禄寺	北京二十七中学	
	磁器库		翠明庄宾馆	
太乙宫	重华宫	睿亲王府、普度寺	三品美术馆	
	玉芝宫	门神库	中国人民外交学会	
	崇质宫	普胜寺	欧美同学会	
万寿兴国寺	社稷坛		中山公园	金为兴国寺
	庆寿寺		中国联通营业厅	
前苑	兔儿山		图样山胡同	
	秉笔直房	福佑寺	不开放	
	赃罚别库	永佑庙	自忠小学分校	
	甜食房	会计司	北京一六一中学（北校区）	

元	明	清	现今	备注
	关帝庙	静默寺	民居及北长街居委会	
	旧监库	昭显庙	北长街小学	
	御用监	真武庙	不开放	
	兵仗局	万寿兴隆寺	后宅胡同	
	西直房	兴隆寺以南	上海驻京办	
隆福宫	永寿宫	寿明殿	自忠小学分校以南	
	蚕坛	时应宫	中海内	
	大光明殿		光明胡同	
	玉熙宫	马厩	北平图书馆旧址	
	十库	西什库	北京市三十九中学至北京四中	
	司钥库	西什库教堂		
	清馥殿	旃檀寺	三〇五医院	
兴圣宫	内安乐堂	酒醋局	草岚子胡同至大红罗厂街	
后苑	牲口房、豹房、虎城	弘（宏）仁寺至绳子库	爱民街至北大第一医院	

二、皇城内的文物古迹

名　　称	时　　代	保护级别	推荐旅游指数
故宫博物院	明、清	世界文化遗产	★★★★★
天安门	明、清	全国重点文物保护单位	★★★★★
北海及团城	明、清	全国重点文物保护单位	★★★★★
太庙	明、清	全国重点文物保护单位	★★★★★
社稷坛	明、清	全国重点文物保护单位	★★★★★
景山	明、清	全国重点文物保护单位	★★★★★
中南海	明、清	全国重点文物保护单位	★★★★
北京大学红楼	民初	全国重点文物保护单位	★★★★
皇史宬	明、清	全国重点文物保护单位	★★★★
大高玄殿	明、清	全国重点文物保护单位	★★★★
西什库教堂	清	全国重点文物保护单位	★★★★
北平图书馆旧址	民国	全国重点文物保护单位	★★★★

名　　称	时　　代	保护级别	推荐旅游指数
普度寺	清	全国重点文物保护单位	★★★
盛新中学与佑贞女中	民国	全国重点文物保护单位	★★★
北京大学地质馆旧址	民国	全国重点文物保护单位	★★★
京师大学堂	清	北京市文物保护单位	★★★
皇城墙遗址	明	北京市文物保护单位	★★★
毛泽东故居	民国	北京市文物保护单位	★★
福佑寺	清	北京市文物保护单位	★★
嵩祝寺及智珠寺	清	北京市文物保护单位	★★
宣仁庙	清	北京市文物保护单位	★★
凝和庙	清	北京市文物保护单位	★★
昭显庙	清	北京市文物保护单位	★★
升平署戏楼	清	北京市文物保护单位	★★

名　　称	时　代	保护级别	推荐旅游指数
军调部1946年中共代表团驻地	1946年	北京市文物保护单位	★★
孑民堂	1947年	北京市文物保护单位	★★
北京水准原点旧址	民初	北京市文物保护单位	★★
陈独秀旧居	民国	北京市文物保护单位	★★
雪池冰窖	清	北京市文物保护单位	★★
恭俭冰窖	明	北京市文物保护单位	★★
北京大学女生宿舍	1935年	北京市文物保护单位	★★
欧美同学会	清	北京市文物保护单位	★★
稽查内务府御史衙门	清	北京市文物保护单位	★★
张自忠旧居	民国	北京市文物保护单位	★★
南池子大街		北京市旧城历史文化保护区	★★
北池子大街		北京市旧城历史文化保护区	★★

名　　称	时　代	保护级别	推荐旅游指数
南长街		北京市旧城历史文化保护区	★★
北长街		北京市旧城历史文化保护区	★★
地安门大街		北京市旧城历史文化保护区	★★
景山前街		北京市旧城历史文化保护区	★★
景山后街		北京市旧城历史文化保护区	★★
景山东街		北京市旧城历史文化保护区	★★
景山西街		北京市旧城历史文化保护区	★★
东华门大街		北京市旧城历史文化保护区	★★
五四大街		北京市旧城历史文化保护区	★★
西华门大街		北京市旧城历史文化保护区	★★
文津街		北京市旧城历史文化保护区	★★
陟山门街		北京市旧城历史文化保护区	★★

名　　　称	时　　代	保护级别	推荐旅游指数
地安门内大街40、41号住宅	1954年	北京市优秀近现代建筑	★
北京大学图书馆旧址	1935年	北京市优秀近现代建筑	★
吉安所	清	东城区文物保护单位	★
傅恒征多川碑	清	东城区文物保护单位	★
慧仙女校碑	清	东城区文物保护单位	★
玉河遗址	元—清	东城区文物保护单位	★
东安门遗址	明、清	东城区文物保护单位	★
永佑庙	清	西城区文物保护单位	★
万寿兴隆寺	明	西城区文物保护单位	★
静默寺	明	西城区普查登记文物	★

（指数仅代表作者个人观点）

主要参考文献

（以出版时间为序）

（清）于敏中等编纂：《日下旧闻考》，北京古籍出版社，1981年10月。

（明）张爵：《京师五城坊巷胡同集》，北京古籍出版社，1982年1月。

（清）朱一新：《京师坊巷志稿》，北京古籍出版社，1982年1月。

中国社会科学院考古研究所：《明清北京城图》，地图出版社，1986年6月。

刘昭：《在草岚子监狱里》，中共党史出版社，1987年6月。

侯仁之主编：《北京历史地图集》，北京出版社，1988年5月。

陈宗藩：《燕都丛考》，北京古籍出版社，1991年10月。

北京市古代建筑研究所等编：《加摹乾隆京城全图》，北京燕山出版社，1996年2月。

北京市城市规划设计研究院：《北京旧城》，1996年9月。

王军：《城记》，生活·读书·新知三联书店，2003年10月。

北京市规划委员会：《北京历史文化名城北京皇城保护规划》，中国建筑工业出版社，2004年1月。

罗哲文等：《北京历史文化》，北京大学出版社，2004年8月。

段柄仁主编：《北京胡同志》，北京出版社，2007年4月。

吴建雍主编：《北京城市发展史》，北京燕山出版社，2008年6月。

陈溥等：《皇城遗韵：西城》，中国社会出版社，2009年2月。

侯仁之：《北京城的生命印记》，生活·读书·新知三联书店，2009年3月。

李路珂等编著：《北京古建筑地图（上）》，清华大学出版社，2009年5月。

陈溥等：《紫禁逝影：东城》，中国社会出版社，2009年7月。

北京市文物局：《北京文物地图集》，科学出版社，2009年7月。

李革主编：《茶余饭后话北京》，学苑出版社，2012年1月。

苗作斌主编：《北京沙滩大院百年风云录》，红旗出版社，2012年3月。

［美］L. C. 阿灵敦等著，赵晓阳译：《寻找老北京》，清华大学出版社，2012年6月。

跋

2009年11月，我因约稿需要，查阅了一些北京皇城的资料。12月8日，送稿归来，途经东皇城墙遗址，车堵得让人闹心。城墙的作用之一本为控制人流与车流，然而具有讽刺意义的是，拆除它们成为改造城市交通中首当其冲的措施之一。难道城市现代化建设的代价就一定是古迹消失？更何况它在北京人心中的地位是如此的特殊！情结是如此之重！

凛冽的北风之中，早已有的为消失的城、身边的城、心中的城写篇文字的想法再度勃发。

立意之后，本拟一鼓作气，奈何怠懒之极，只得断续写作。2010年我因眼疾没有动笔。2011年搜集相关资料。2012年实地调查——但时至今日还有很多角落没有涉足。我很怀念那段行走于幽静的胡同小巷、攀谈于热情的大爷大妈、不时可见"喵喵"叫着的小猫和葫芦丝瓜石榴出墙的时光，让人暂时相忘于江湖，回到了曾经的纯真。2013年在声声爆竹和心力交瘁中我完成初稿，又用了一年的时间修改。

以三年书写皇城600年，自然是远远不够的。国外有位著名的文化人类学者罗伯特·贝德纳里克（Robert Bednarik）说过："在考古学所研究的过去所发生的所有事件中，有99.99%以上没有任何种类的证据幸存超过一秒钟。在仍然不可计数的留存下来的事例中，只有百分之一的百万分之一这样一个微小的比例有证据留存下来。其中，只有无穷小的一部分被考古学发掘了出来，而其中更小的一部分得到了正确的解释。"

说的是考古，但理同本书。逝者如斯夫，皇城的文化积淀厚重精深。相比它的博大，本书展现的十个方面不足以全面地反映皇城。所以更希望它成为读者了解皇城的小小窗口。

本书以"史"为经线，"话"为纬线；建筑是骨肉，文化是灵魂，力争介绍北京皇城内的百年风貌，由"物"见到背后的"人"与"城"。但由于笔者知识所限，虽然涉及历史、考古、古建、历史地理、民俗等方面知识，却皆不精深。说实话这倒也符合我的写作初衷，我不想把它写成一部学究味很浓的书，所以有问题在所难免，希望亲爱的读者不要太挑剔。

实际上，皇城内的一街一巷、一院一落、一房一屋、一草一木不都有着书写不尽的历史，都值得探幽索微、都值得品味和尊重吗？

　　如织的中外游客，依然每天出现在皇城中。本书出版后，见到他们的我，不只有笑脸，或许更能够增一份心安理得。

　　其实，每个人都有自己心中的一座城。

　　《穿越皇城》即将付梓了。两位编辑为之付出的艰辛，我非常感激。

郭京宁

2014.6